浙江大学文科专项资助成果

Evaluation Index of the
Belt and Road Construction

"一带一路"
建设评价指数研究

周 伟 董雪兵 著

ZHEJIANG UNIVERSITY PRESS
浙江大学出版社

前　言

　　自国家主席习近平提出"一带一路"倡议以来,我国与国际社会共同推动的"一带一路"合作已取得了明显成效。2016 年 11 月,联合国大会首次在决议中写入中国的"一带一路"倡议,决议得到 193 个会员国的一致赞同。2017 年 3 月,联合国安理会一致通过第 2344 号决议,决议首次写入"构建人类命运共同体"的理念,呼吁国际社会通过"一带一路"建设等加强区域经济合作,敦促各方为"一带一路"建设提供安全保障环境,推进互联互通务实合作。2017 年 5 月,我国主办了"一带一路"国际合作高峰论坛,为解决当前世界和区域经济面临的问题寻找方案,为实现联动式发展注入新能量。

　　"一带一路"建设从无到有、由点及面,成果惠及各国人民。各个国家纷纷制订了自己的发展规划,如巴基斯坦的"中巴经济走廊"、哈萨克斯坦的"光明之路"、俄罗斯的"欧亚经济联盟"、印度尼西亚的"全球海洋支点"、泰国的"边境特区"等。这些发展规划都和"一带一路"密切相关,而且主动和"一带一路"建设来进行对接,很多项目都是基于所在国的迫切需要,由中国提供资金、技术,共同合作而落地。全球已有 136 多个国家和国际组织共同参与,30 个国家和国际组织与中国签署合作协议,形成广泛的国际合作共识。联合国大会、安理会、亚太经合组织、亚欧会议、大湄公河次区域经济合作等有关决议或文件都体现了"一带一路"建设内容。经济走廊建设稳步推进,互联互通网络逐步成形,贸易投资大幅增长,重要合作项目稳步实施,"一带一路"合作取得一批重要的早期成果。亚洲基础设施投资银行、丝路基金的成立为金融合作提供了坚实支撑。

　　同时也应该看到,"一带一路"建设并非一帆风顺。各国经济水平、政治环境、基础设施、社会文化差异明显,各种潜在的矛盾不利于长期稳定的投资与合作。例如,地缘政治冲突及政治与安全因素对经济发展的直接影响仍然突出,在西亚、北非国家中表现相对明显;部分国家法律体系尚不健全,司法独立性难以完全保证;东南亚、南亚、中亚国家经济增速结构性放缓的难题依然存在;一些国家处于多个文明交汇的地区,宗教矛盾与冲突、民族与种族的矛盾与冲突呈现易突发、多样化、复杂化、长期化的特点。全球大国之间的政治、经济、军事领域的博弈,也会为"一带一路"的长期发展带来不确定因素。此外,有些国家对"一带一路"仍存在疑虑,担心中国影响力的扩大会不利于其自身的发展。

为进一步推动"一带一路"各方发展规划的对接,需要对"一带一路"沿线国家的发展水平、投资环境和参与"一带一路"建设的成效进行动态评估,从而总结"一带一路"建设经验,发现存在的问题,防范和应对"一带一路"建设中的风险,并向国际社会展示"一带一路"在促进各经济发展和改善民众福利方面的成果,减少国际社会对"一带一路"合作的疑虑,以便于更好地推进国际合作,深化伙伴关系,实现联动发展。

本研究分四个部分:

第一部分是"一带一路"沿线国家发展指数研究。通过对"一带一路"沿线国家的经济、政治、基础设施、自然资源、生态环境、法律、文化宗教等方面进行定量评估,每一领域细分若干二级指标,如基础设施领域细分了铁路、港口、航空、通电率、互联网普及率、移动电话覆盖率等,用主成分分析方法测算综合评分,得出各个国家的分项指数和综合发展指数。

第二部分是"一带一路"投资环境指数研究。旨在为中资企业进行对外投资提供量化的风险评估参考。考察我国对外投资的主要行业分布,侧重对基础设施、制造业、能源与矿产、环境保护、物流与电子商务、农业、教科文卫等方面存在的投资机遇和风险进行分析,再加上政治环境和法制环境的考量,得出"一带一路"投资环境的国家指数。

第三部分是"一带一路"建设成效评估指数研究。将2013年我国与其他"一带一路"沿线国家的贸易、投资、基础设施建设、政策合作、人员往来数据作为基期数据,计算2014—2016年对应数据的动态变化,以期获得"一带一路"建设成效的动态指数,反映各方面的建设成果,从而构建科学、动态而具有可比性的"一带一路"建设成效指数体系。

　　第四部分是"海上丝路指数"建设及应用研究。"海上丝路指数"是反映国际航运和贸易市场变化趋势的指数体系，用于衡量国际航运和贸易市场整体发展水平。该部分将"海上丝路指数"的子项指数，即已在波罗的海交易所官网发布的"宁波出口集装箱运价指数（NCFI）"作为研究对象，考察 NCFI 与世界经济的关联性。

　　上述四个部分既相互独立，又是一个有机的整体，从不同维度衡量"一带一路"建设的质量、成效和风险。各部分都采用定性分析和定量分析相结合的方式，采用客观、权威的数据和科学的方法，建立有针对性的评价指标体系，得出分国家或分领域的结果。本研究的评估能够在"一带一路"方面，为政府机构的决策和企业的相关投资提供重要参考。

2018 年 5 月 20 日

目 录

第一章 "一带一路"沿线国家发展指数研究

"一带一路"涉及国家众多,各国发展水平差异很大,区域经济、政治、文化、科技等合作面临着不同的风险。众多沿线国家处于东西方多个文明交汇的地区,宗教矛盾与冲突、民族与种族的矛盾与冲突呈现易突发、多样化、复杂化、长期化的特点。部分国家政治经济发展转型压力较大,民族主义情绪高涨,国内矛盾易转化为排外情绪。因此,在开展"一带一路"各领域的合作中,需要预先对相关国家和地区的发展水平和合作风险进行全面评估,做好应对预案,以保障我们国家的利益和企业的利益。

一、"一带一路"沿线国家发展指数评价研究综述

在基础设施方面,"一带一路"沿线主要是发展中国家,很多处于城市化和工业化的起步或加速阶段,对能源、交通、通信的基础设施需求很大,但受制于经济发展相对落后、政府财政相对不足、资金来源单一等因素,面临巨大的资金缺口和技术挑战。据统计,"一带一路"沿线国家和地区人均饮用水资源、人均耗电量、互联网普及度等指标均较低,尤其是南亚、中亚以及部分东南亚国家(缪林燕,2015)。"一带一路"沿线国家和地区能源丰富,因此,优先推动我国与中亚、西亚两个区域能源市场的一体化,促进能源基础建设的互联互通项目的达成,以"亚洲基础设施投资银行""金砖国家新开发银行"为平台,进一步推动构建横贯东西、连接南北的欧亚海陆立体大通道和泛亚能源网络体系,是发挥区域优势的战略选择(李平,2015)。

"一带一路"所跨越的不同国家和地区,不同的法律体系和社会背景,给外来投资者带来了一定的未知性和不确定性。从微观的角度来看,东道国在基础设施、能源等领域的法律规则、税务规定等往往与中国的相关规定有很大的

不同。中国一些"走出去"的企业对国际上一些同行的投资技巧运用不足,交了很多"学费"(张晓慧,2015)。由于中国企业国际化尚处于起步阶段,不少企业对国外法律不熟悉,在守法方面要求不严格,面临较大的法律挑战。CCG(中国与全球化智库)对"失败样本"的分析发现,16%的投资事件是直接或间接由于法律原因导致投资受损或最终被迫停止投资的。考察这些由于法律原因导致投资终止的案例,发现1/3中资企业投资失败是因为法律观念薄弱,不严格遵守东道国的法律,通过不正当手段获取项目;1/3的投资事件终止或失利是因为对劳工法不熟悉;还有1/3是由于对当地的金融、环境等法律问题不够熟悉。

"一带一路"沿线是人类活动比较集中和频繁的地区。该地区国土面积不到世界的40%,人口却占世界的60%以上。该地区的生态环境也比较脆弱,其中有不少国家处于干旱、半干旱地理环境中。其森林覆盖率低于世界平均水平。该地区除了是世界上自然资源的集中生产区外,年境内水资源量只有世界的35.7%,但年水资源开采量占世界的66.5%,同时用去了世界60%以上的化肥,因此水资源和水环境的压力高于世界平均水平。该地区还排放了世界55%以上的二氧化碳等温室气体(中国科学院可持续发展战略研究组,2015)。

综合现有研究可以发现,作为当前的研究热点,"一带一路"倡议受到广泛关注,在政治领域、经济领域、法制领域、金融领域、生态领域等已经有大量的研究成果。值得注意的是,现有的研究成果多集中于其中一两个领域进行分析,如中国与全球化智库的研究侧重于政治和法律风险;中国科学院可持续发展战略研究组关注资源与生态环境;中国出口信用保险公司则侧重于政治和经济环境的风险评级;另有部分研究侧重于基础设施或金融环境。目前仍缺乏对相关国家综合发展情况的各个领域进行全面、系统的评价,尤其是涉及"一带一路"沿线65个国家的评价较为缺乏。

二、评价原则

指数指标的基本思想是通过多方面的标准化分析,将评价对象纳入统一的指数体系,根据各个指标的不同权重,进行综合评价。通常,要遵循科学性、可行性、可比性、有效性、综合性等原则。同时,这些原则也不是彼此独立、割裂的,而是组成有内在联系的有机整体。

(一)科学性

科学性原则是本研究制定评价体系所依据的首要原则。评价指标的确定需要以事实为依据,而不是来源于研究者的主观经验,这样才能使评价结果具有客观性和有效性。因而,本研究首先将对现有的文献资料进行总结归纳,从而选取重要的指标纳入评价体系中,使整个体系具有科学依据。此外,由于发展指数是一个包含诸多维度的整体,一个清晰、可行的评价体系通过量化的形式能够较为便利地实现对纷繁复杂的要素的归纳与评估,并能够使评价结果具有可比性。

(二)可行性

设计一个完善的发展指数评价体系需要参考科学、权威的指标,并尽可能从多个方面将与投资目标相关的环境指标都纳入评价体系中,从而使评价结果更全面、客观、具体,对投资实践的指导性更强。但由于数据的可获得性,研究不可能采纳所有重要的指标,只能选取能够获得数据且已经得到多数人认可的指标(如图 1-1 所示的联合国开发计划署的《人类发展报告》的指标)。另外,一些环境要素十分重要,但它们却难以进行量化分析,因此也不能纳入量化的评价体系中。出于这些要素的重要参考价值,研究在评价结果之后将结合它们进行讨论。

Human Development Index and its components

HDI rank	Human Development Index (HDI) Value 2014	Life expectancy at birth (years) 2014	Expected years of schooling (years) 2014[a]	Mean years of schooling (years) 2014[a]	Gross national income (GNI) per capita (2011 PPP $) 2014
VERY HIGH HUMAN DEVELOPMENT					
1 Norway	0.944	81.6	17.5	12.6[b]	64,992
2 Australia	0.935	82.4	20.2[c]	13.0	42,261
3 Switzerland	0.930	83.0	15.8	12.8	56,431
4 Denmark	0.923	80.2	18.7[c]	12.7	44,025
5 Netherlands	0.922	81.6	17.9	11.9	45,435
6 Germany	0.916	80.9	16.5	13.1[d]	43,919
6 Ireland	0.916	80.9	18.6[e]	12.2[e]	39,568
8 United States	0.915	79.1	16.5	12.9	52,947
9 Canada	0.913	82.0	15.9	13.0	42,155
9 New Zealand	0.913	81.8	19.2[c]	12.5[b]	32,689
11 Singapore	0.912	83.0	15.4[f]	10.6[e]	76,628[g]

图 1-1 《人类发展报告》的指标选择

数据来源:联合国开发计划署。

(三)可比性

该研究的实践目标决定了评价的可比性原则。对"一带一路"涉及的65个国家的发展指数进行评估的最终目标是使投资主体悉知这些国家的政治、经济、自然、社会发展的主要风险要素及其特点,进而总结出在不同的国家或区域中发展的优势与劣势。基于这一考虑,本研究采用世界银行的数据库[①],在统一口径下比较各国数据。这些目标的实现要求本研究设计出一套能够使投资者对这些国家的情况进行比较的指标体系,从而扬长避短,选择最佳的合作目标国与合作项目(或项目组合),规避风险,提高合作效率。

(四)有效性

本研究指标体系设计的有效性包含两重含义,一是选取的指标要具有代表性,二是部分指标要具有时效性。就前者而言,发展指数的每个维度都包含多方面的内容,部分指标不具备代表整个维度的意义,只有选取具有代表性的指标作为变量才能有效评价发展水平。就后者而言,发展指数中的一些要素变化性很强,因此研究需要采用可获得的最新数据,从而把握近期的经济、政治、社会的变化趋势(如经济变化中的国内生产总值变化),更有效地评估当前各国的发展情况。

(五)综合性

国家是一个由经济、政治、文化等多个方面组合而成的整体,并且是各方面相互联系、相互影响形成的一个有机系统。尽管国际合作以经贸活动为主,但是对发展指数的评价不仅应该重点考察经济要素的影响。也应该考虑政治、文化等其他社会因素的影响,因为一国的经济情况在很多时候受到政治格局与文化的影响,甚至在一些社会中,政治体制对经济变化起到了决定性的作用(刘传武,2015)。因此,本研究采用了7个维度的37项指标进行综合评价。

三、评价方法

目前可以从文献中找到多种综合评价的方法,包括两类:一是主观评价法,如冷热比较法和层次分析法;二是客观评价法,如主成分分析法和聚类分析法。

---

① 世界银行,http://data.worldbank.org/indicator。

在本研究中,我们以客观评价法为主,同时将主观评价法和客观评价法相结合。

(一)客观评价

本研究选取 7 个维度,共 37 个指标对"一带一路"所涉及的国家发展情况进行评价。然而绝大多数指标都缺少一些国家的数据,采用其他方法将对综合评价结果的完整性产生一定的负面影响。因此首先考虑在每个维度的计算中使用均值法(联合国人类发展指数采用),得到每个国家在每个维度上的得分。

1. 均值法

首先我们参考人类发展指数的计算方法,这种方法的核心在于"要素平衡",即克服仅用 GDP(国内生产总值)衡量国家和地区的发展水平的缺陷(陆康强,2012)。这也是本研究对"一带一路"沿线各个国家发展指数评价所采用的思想。对不同量纲的变量(指标)进行标准化处理,这样才可以使不同国家的结果具有比较性。标准化的方法有很多,根据本研究的评分需要,我们采用了使每个指标的分数区间为[0,1]的方法:每个国家在某个指标上的得分与所有国家在该指标上得分的最小值之差,除以所有国家在该指标上最大值与最小值之差:

$$y_i = \frac{x_i - \min_{1 \leqslant j \leqslant n}\{x_j\}}{\max_{1 \leqslant j \leqslant n}\{x_j\} - \min_{1 \leqslant j \leqslant n}\{x_j\}}$$

接着根据上述方法求出某个维度中所有指标的分数之后,就可以求出该维度的均值,即某个国家在该维度上的得分:

$$\bar{X} = \frac{1}{n}\sum_{i=1}^{n} x_i$$

然而在每个维度的指标中总有一些国家的数据缺失,因此在计算平均数时需要注意 n 值的变化。

2. 主成分分析法

主成分分析法是在多指标综合评价中常用的方法之一,它采取降维的方法,找出几个综合变量来代替原来众多的变量,使这些综合变量尽可能多地代表原变量的信息,而且彼此之间互不相关。该方法的优点在于消除各评价指标之间存在相关性的影响,有助于更客观地通过所采用的指标来描述评价主体的表现、排名等,也消去了选择合成方法的工作(林海明,杜子芳,2013)。

主成分分析法的计算步骤如下：

第一步，根据变量构建样本观测数据矩阵：

$$X = \left\{ \begin{matrix} x_{11} & x_{12} & \cdots & x_{1p} \\ x_{21} & x_{22} & \cdots & x_{2p} \\ \vdots & \vdots & \ddots & \vdots \\ x_{j1} & x_{j2} & \cdots & x_{np} \end{matrix} \right\}$$

第二步，原始数据进行标准化处理：

$$x_{ij}^* = \frac{x_{ij} - \overline{x_j}}{\sqrt{\mathrm{var}(x_j)}} (i = 1,2,\cdots,n; j = 1,2,\cdots,p)$$

其中 $\overline{x_j} = \frac{1}{n}\sum_{i=1}^{n} x_{ij}$，$\mathrm{var}(x_j) = \frac{1}{n-1}\sum_{i=1}^{n}(x_{ij} - \overline{x_j})^2$ $(j = 1,2,\cdots,p)$。

第三步，计算样本相关系数矩阵：

$$R = \begin{bmatrix} r_{11} & r_{12} & \cdots & r_{1p} \\ r_{21} & r_{22} & \cdots & r_{2p} \\ \vdots & \vdots & \ddots & \vdots \\ r_{p1} & r_{p2} & \cdots & r_{pp} \end{bmatrix}$$

为方便，假定原始数据标准化后仍用 x 表示，则经过标准化处理后的数据的相关系数为：

$$r_{ij} = \frac{1}{n-1}\sum_{t=1}^{n} x_{ti} x_{tj} \quad (i,j = 1,2,\cdots,p)$$

第四步，用雅可比方法求相关系数矩阵 R 的特征值$(\lambda_1,\lambda_2,\cdots,\lambda_p)$和相应的特征向量 $a_i = (a_{i1},a_{i2},\cdots,a_{ip})$，其中，$i = 1,2,\cdots,p$。

第五步，选择重要的主成分，并写出主成分表达式。

主成分分析可以得到 p 个主成分，但是，由于各个主成分的方差是递减的，包含的信息量也是递减的，所以实际分析时，一般不是选取 p 个主成分，而是根据各个主成分的累计贡献率的大小选取前 k 个主成分，这里的贡献率就是指某个主成分的方差占全部方差的比重，实际也就是某个特征值占全部特征值合计的比重：

$$\text{贡献率} = \frac{\lambda_i}{\sum_{i=1}^{p}\lambda_i}$$

贡献率越大,说明该主成分所包含的原始变量的信息越强。主成分个数 k 的选取主要根据主成分的累积贡献率来决定,即一般要求累积贡献率达到 85% 以上,这样才能保证综合变量包括原始变量的绝大部分信息。

另外,在实际应用中,选择了重要的主成分后,还要注意主成分实际含义解释。主成分分析中一个很关键的问题是如何给主成分赋予新的意义,给出合理的解释。一般而言,这个解释是根据主成分表达式的系数结合定性分析来进行的。主成分是原来变量的线性组合,在这个线性组合中各变量的系数有大有小,有正有负,有的大小相当,因而不能简单地认为这个主成分是某个原变量的属性的作用,线性组合中各变量系数的绝对值大者表明该主成分主要综合了绝对值大的变量,有几个变量系数大小相当时,应认为这一主成分是这几个变量的总和,这几个变量综合在一起应赋予怎样的实际意义,这要结合具体实际问题和专业,给出恰当的解释,进而才能达到深刻分析的目的。

第六步,计算主成分得分:

根据标准化的原始数据,按照各个样本,分别代入主成分表达式,就可以得到各个主成分下的各个样本的新数据,即主成分得分,可以用如下形式表达:

$$\begin{pmatrix} F_{11} & F_{12} & \cdots & F_{1k} \\ F_{21} & F_{22} & \cdots & F_{2k} \\ \vdots & \vdots & \ddots & \vdots \\ F_{n1} & F_{n2} & \cdots & F_{nk} \end{pmatrix}$$

第七步,依据主成分得分的数据进行进一步的统计分析。

(二)主观评价

尽管我们能够从政府间组织或者非政府组织的公开数据库中得到很多能够应用在本研究中的数据,但是仍然有一部分对发展指数评价的重要信息无法获得,只能通过积累的知识进行评价,因而具有一定的主观性。但是这些内容在所有评价因素中的占比非常小,对本研究的整体客观性影响并不大,所以我们可以采用这种方法对个别要素进行打分。在本研究所考查的社会文化环境因素中,宗教文化和习俗对区域合作的影响就属于这类评价内容,我们使用东道国与投资国宗教的差异度来衡量投资方适应当地宗教文化和习俗的难易程度。但是我们不能从现有的数据库中找出合适的评价指标和数据,只能根据参与研究人员所积累的知识进行主观判断。对这一指标而言，我们把这种差异分为小、中、大 3 个等级进行打分，分别对应为 3、2、1 分。

四、发展指数评价维度及指标

依据上述评价原则，本研究选取了经济因素、政治因素、自然资源、生态因素、基础设施因素、法律因素和社会文化因素这 7 个维度对"一带一路"涉及的 65 个国家的发展水平进行综合评价，每个维度包含多个评价指标，且这些指标可量化、有代表性、有时效性且可比较，具体如下。

（一）经济因素

国际合作中，经济活动占有较高比重，因此，经济因素评估是发展指数评价中最核心的内容。在国际投资中，经济的开放程度是十分重要的内容，因而在经济因素评价中，我们不但需要考察一国的经济发展水平，包括居民收入、贫富差距、产业结构等，也需要重点考虑该国对外来投资的接纳程度。在经济维度的评价中，本研究采取以下指标。

1. 人均国民收入（GNI）

在有关经济因素分析的研究中，不少学者采用人均国内生产总值（GDP）或人均国民收入（GNI）作为衡量当前一国经济整体状况的指标。GDP 强调生产，GNI 强调分配（金红，2014）。这两个指标具有高度的相关性（高敏雪，2006），在评价时一般选择其中一个即可。近年来，越来越多的机构倾向于使用 GNI[①]。例如，由联合国开发计划署设计的人类发展指数（HDI）曾经选择人均 GDP 作为衡量经济发展水平的指标。但是在 2010 年后，人均 GNI 代替人均 GDP 进入了 HDI 的指标体系中[②]。考虑到国际投资中必然有一部分面向当地消费者市场，而消费与收入是紧密相关的，因此本研究选择人均 GNI 作为经济维度的一个指标。

2. 年均经济增长率

在评价经济因素时，我们不仅要考查当前的经济发展水平，也应该评估经

---

① http://www.economicshelp.org/blog/3491/economics/difference-between-gnp-gdp-and-gni/。

② https://en.wikipedia.org/wiki/Human_Development_Index。

济发展趋势(王秀芹,李玉彬,2012)。一个国家或地区的经济增长速度较快,意味着市场潜力较大(武梁安,2010),有较高的投资价值。反之,如果一个经济很发达的地区经济增长较慢,那么它的市场相对饱和。因此,本研究将年均经济增长率作为衡量经济发展趋势与潜力的指标。

3. 第三产业附加价值在 GDP 总量中的比重

在发展质量的经济要素中,产业结构间接影响投资成本。较高水平的产业结构(较发达的第二、第三产业)能使投资方较为便利地获得投资过程中所需要的原料、人力资源和服务等。较高层次的产业结构也意味着投资方享有良好的基础设施,因而对投资方有较大的吸引力。第三产业附加价值在 GDP 总量中的比重不仅是衡量一国经济发展和运行水平的一个重要指标,也是投资方在选择合作国家和地区时需要考虑的重要因素(鲁明泓,1997)。

4. 对外贸易额在 GDP 总量中的比重

一国的对外贸易自由度对跨国投资的效益有着重要的影响,所以我们需要采纳一些衡量对外贸易自由度的指标。在此,较直接的指标是对外贸易额与 GDP 的比值。因此,本研究选取这一指标作为评估一国对外贸易开放程度的指标之一。一国的对外贸易额在 GDP 总量中的比重较高,说明该国的开放程度较高;反之,则说明该国的开放程度较低。

5. 国外直接投资额在 GDP 总量中的比重

这一指标是本研究用于评价一国对外贸易开放程度的另一个指标。它与投资策略直接相关。如果一国直接投资额在 GDP 总量中的比重高,那么说明该国接受国外资本投入较多,投资方进入该国市场机会较多;反之,进入该国市场较为困难。

6. 进口额在 GDP 总量中的比重

与前一个指标相似,进口额与 GDP 的比值也是衡量一国开放程度的指标。一国的进口额与 GDP 总量的比值高不仅说明该国的市场需求空间大,也说明对进口商品和服务的接纳程度高。

7. 基尼系数

尽管经济总量反映了经济发展的整体水平,但是它不能反映经济发展的质量。前一个指标所述的产业结构是考察经济发展质量的一个内容,同时,我们也要考虑到经济发展与资源分配的问题,因为它从社会公平的角度反映了经济发展的可持续性。许多研究已经表明了收入差距拉大对经济发展有负面作用,其中,使用基尼系数来测算收入差距是这些研究中常见的方法(程永宏,2007)。因此,本研究选取国际通用的基尼系数作为评价经济发展可持续性潜力的一项指标。

8. 主权信用评级

经济全球化带来了风险全球化。对于国际投资而言,尤其要考虑全球化带来的风险,因此在世界经济开放性提升的同时,我们也应警惕由这种自由带来的隐患,例如由个别国家引起的波及整个欧洲的欧债危机。因此,在开放的环境中,对于投资方来说,一国的主权信用对投资的经济安全性越来越重要,也需要纳入经济环境评价体系中。对于主权信用较低的,尤其是那些长期依靠借债维持的国家而言,对其投资需要格外谨慎。

(二)政治因素

政治因素对经济运行产生直接或间接的影响。尤其是,政治的稳定性与整个国民经济的变化趋势密切相关,政治系统的运作效率也关系到经济社会发展的水平。国际合作也需要考虑到诸如政府腐败等政治因素对投资活动的影响。因此,本研究需要将政治的稳定性与政治系统运作效率纳入整个发展指数评价体系中,包括政治的稳定性、外部干预、社会安全管理和清廉指数。

1. 政治稳定性

一个国家的政治稳定是整个社会环境稳定的最重要的基础。稳定性强的政权意味着政府具有权威性(白钢,林广华,2002),对社会的管理较为有效。在这样的国家中,投资活动受到社会冲突(如国内战争)的影响的可能性较小。反之,投资方可能要对由社会冲突带来的损失进行弥补,这就会使投资收益减少。

2. 外部干预

企业在一个单纯的社会环境中能够较容易地熟悉当地的商业活动规范,进而能够从较大程度上避免"水土不服",提高投资收益的效率。而存在多重政治力量博弈的地区,政治矛盾较多(最典型和极端的形式是战争),环境更为复杂,投资方进入这样的地区进行商业活动需要投入更多的精力。在整体和平的当今世界仍然有一些国家和地区战火纷飞,甚至正经历着国外干预性质的战争,其中包括几个"一带一路"倡议的沿线国家(如阿富汗和叙利亚)。

3. 社会安全管理

与上一个指标相似,社会安全与稳定影响到投资效率,因此本研究将其纳入政治因素评价的指标。在社会治理有效的地区,社会较为安全与稳定;而在治理水平不高的地区,社会安全存在隐患。

4. 清廉指数

在其他条件不变的假设下,投资方选择较为清廉的政治环境可以减少投资过程中产生的"贿赂成本",从而提高投资收益。相反,腐败猖獗的政治环境下往往官商勾结,政府或企业垄断市场资源,外来企业难以通过正当的手段在当地市场中立足,尤其在企业对当地的社会文化不够了解时,法律对腐败的约束力不足,更可能使企业遭受损失(薛求知,韩冰洁,2008)。本研究借鉴了透明国际在《2015 年度全球清廉指数》报告中公布的世界各国清廉指数,如图 1-2 所示。

Rank	Country/ Territory	Score (2015)
1	Denmark	91
2	Finland	90
3	Sweden	89
4	New Zealand	88
5	Netherlands	87
5	Norway	87
7	Switzerland	86
8	Singapore	85
9	Canada	83
10	Germany	81
10	Luxembourg	81
10	United Kingdom	81
13	Australia	79
13	Iceland	79
15	Belgium	77
16	Austria	76
16	United States	76

图 1-2 部分国家的清廉指数[①]
数据来源:透明国际。

[①] 图 1-2 中的国家清廉指数排名数据直接引用国际透明组织的研究报告,排名方式与本书不同。

(三)自然资源

自然资源是人类社会存在和发展的物质基础。在偏重矿产资源开发的行业中,自然资源储量和开发成本是决定行业发展潜力的重要因素。自然资源多种多样,不同类型的项目对资源种类有着不同的需求。由于本研究是宏观战略性研究,故只将通用的资源指标纳入评价体系。

1. 人均国内可再生水资源量

水不仅是人类维持生命的必需品,也是生产中的重要资源,甚至对一个国家的安全具有重要的战略意义(鲍超,方创琳,2006)。当今一些国家和地区(尤其是发展中国家和地区)仍然有相当一部分因缺水或无法获得洁净的水资源而出现人口非正常死亡的现象。在技术条件的限制下,当前人类仍然没有开发或找到能够完全替代水的新资源。因此,水资源对人类来说仍然是最重要的自然资源,必须纳入本研究的评价体系中。

2. 森林覆盖率

对人类而言,森林的意义不仅体现在保护生态环境与维持生态功能上,它还具有经济和社会效益。一国的经济、社会及生态的可持续发展乃至国家安全均会受到森林资源禀赋的影响(王玉芳,吴方卫,2010)。不少发达国家(如日本和瑞典)将森林资源看作重要的战略资源,在长期的林业发展中建立了完善的森林管理体系,不仅保护了环境,而且为国家带来了巨大的经济收益(李思义,1998;张周忙,2007)。

3. 油价

尽管当前整个世界的能源消费结构正在变化,以石油为主的能源消费结构正在向以天然气、核能清洁能源为主的方向转型(满娟,2010),但是石油仍然在生产和生活中扮演着重要角色,甚至居于战略资源的地位。对于多数国家而言,石油资源的丰富程度和获得的难易程度可以体现在油价上,所以本研究通过油价来反映石油资源对区域合作的影响。例如,"一带一路"所涉及的中东国家油价较低,中资企业可以利用该地区这一特点选择合适的投资项目。

(四)生态环境

良好的自然生态环境对投资者产生较大的吸引力,并能够降低企业应对自然灾害和健康损失的成本。因此,本研究将基本并且重要的生态环境要素纳入评价体系。

1. PM2.5 污染

雾霾天气出现的频率增加使 PM2.5 成为近年来中国的热点环境议题之一。相当数量的研究表明,PM2.5 对人体呼吸道健康有着显著的负面影响(徐建军,2013)。所以,区域合作中,需要将 PM2.5 排放程度作为参考因素,以衡量投资中将产生的健康成本。

2. 人均二氧化碳排放量

尽管二氧化碳本身并不是污染物,但它会使得气候变暖,导致海平面升高等灾害。在很长一段时间,二氧化碳的排放量是环境议题的重点。较高的二氧化碳排放量意味着偏重工业的产业结构、较高的化石能源使用以及较低的技术水平或停滞的技术进步(张兵兵,2014),因此二氧化碳排放量间接反映了一个地区的经济发展水平。

3. 遭受干旱、洪水和极端天气人口在总人口中的平均比重

尽管在科学技术的发展与帮助下,人们对自然灾害的抵抗能力在不断提高,但是在严重的自然灾害中,仍然无法避免由灾害带来的经济乃至人力损失。因此,投资方必须将东道国的自然灾害情况进行评估。在"一带一路"涉及的 65 个国家中,南亚和东南亚国家常遭受洪水、飓风的侵袭,而中亚国家则常常干旱。需要说明的是,由于有限的数据获得能力,本研究只能将遭受干旱、洪水和极端天气人数占总人数的百分比纳入指标体系,而无法分析地震、雪崩等其他自然灾害。

(五)基础设施因素

便利的交通、顺畅的通信与优质的公共服务是保障生产与生活的基础。因而在衡量一国发展水平的研究中,不少学者将基础设施作为评价的重要因素(林海,2005)。本研究也将其纳入发展指数评价体系。需要说明的是,由于公路方面的数据在目前的国际数据库中尚不完整,因此本研究没有将公路运量作为其中一个指标。

1. 每百万人互联网服务器数量

在信息化时代,互联网对生活和生产都相当重要。对国际合作方而言,进

入互联网的便利性与互联网质量将在很大程度上影响到项目运作效率,而这两个要素和互联网服务器的数量相关。因此,本研究通过互联网服务器的数量反映互联网的硬件发展水平。

2. 每百人互联网使用人数

与上一指标类似,国际合作方是否能够较为容易地接入互联网,还取决于东道国的互联网普及程度。在评价一个地区互联网普及程度的指标中,互联网使用人数是一个常用的指标。考虑到评价的可比性原则,本研究使用每百人互联网使用人数来评估每个国家的互联网普及程度。

3. 航空货运量

尽管空运的能耗相对较高,但是从运输所需时间的角度来看,空运的效率仍然是最高的(云飞,2000)。随着节能技术的发展,空运的能耗成本在未来将显著降低。因此,这种运输方式的地位会越来越重要(王凌峰,2015)。尤其在"一带一路"所涉及的国家和地区中,其中一部分地理位置和地形特殊,既不可能通过水路运输,也很难高效地通过铁路和公路运输。对这些国家或地区而言,空运显得尤为重要,极大地影响到合作成本,需要纳入评价体系中。航空货运量能够反映空运的发展水平,因而本研究将采用这一指标。

4. 航空客运量

全球化不断发展,不仅使得资本的流动愈加频繁,国际人口流动与迁移的强度也变得越来越大(尤其是近年来增长迅速的投资移民、技术移民和跨国旅游人群)。交通作为人口流动与迁移的重要桥梁,也在市场需求和技术进步的刺激下不断发展。随着居民收入水平的提高和空运成本的下降,人们越来越多地选择高效的航空客运作为长途出行方式。与之相关的硬件与服务的发展正在成为基础设施建设的目标之一。对国际合作而言,航空客运发展水平对跨国人力资源或旅客的流动成本与效率有着至关重要的影响。因此,本研究将航空客运量纳入评价体系中。

5. 铁路货运量

从综合能源消耗和时间这两个因素来看,铁路运输是性价比较高的运输方式。尽管火车的速度不如飞机,但是铁路运输的成本却远低于飞机,成为人们青睐的长途运输方式之一。从基础设施建设的角度看，65个国家中目前已有东亚、中亚、西亚、东欧、中欧和西欧的第一、第二和第三欧亚大陆桥，到东南亚国家也有铁路线（如南宁至河内），以及正在建设的泛亚铁路。

6. 铁路客运量

与货运相似，铁路客运也以较低的价格为人们提供了较快捷的出行方式，具有较高的性价比，所以它成为陆地上人口流动与迁移的重要交通方式。本研究将铁路客运量纳入评价体系中。

7. 港口质量

尽管水运的时间效率很低，但是与其他运输方式相比，它的单位运价是最低的，能够为企业降低成本。尤其对于非内陆国家，水运的重要性更为突出。港口的质量影响到水运的便利性，进而影响到水运效率。因此，本研究将港口质量作为衡量基础设施的指标之一。

8. 每百人移动电话服务拥有量

通信设施是基础设施的重要内容之一，它决定了人们的通信便利程度。较发达的国家往往具有较高的通信设施发展水平。移动电话服务发展水平是评价通信设施发展水平的常用指标。因此本研究采用每百人移动电话服务拥有量这一指标。

9. 人均公共卫生支出

东道国的公共卫生发展水平可以用人均公共卫生支出来衡量。人均公共卫生支出较多的东道国，政府对公共卫生更为重视，投资方可以在更加良好的公共环境中进行经济活动。

10. 通电率

人们的生产（无论第二产业还是第三产业）和生活都离不开电能。当今发达国家基本实现了居民100％的通电率，相比之下，"一带一路"沿线的65个国家中有不少通电率还很低（例如阿富汗和柬埔寨），这些国家人们的生活、生产方式距离现代化较远。在通电率不高的国家中，投资方可能因此遭遇很多不便。在其他条件不变的情况下，成本也可能因此提高。

(六)法律因素

不同国家之间存在社会规范的差异，而法律是社会规范的一种重要的表现形式。发达国家都是以法律作为维护社会公平正义和良好社会秩序的主要手段,通过提高违法成本、降低守法成本来维护个人和组织的正当权益,抑制危害他人权益的各类行为。对国际合作而言,国外合作方需要了解东道国对外来资本活动的法律才能够更好地适应当地的经济、社会活动规则,因为它体现着对外来资本的接纳程度以及当地的贸易自由度。

1. 进口关税占总税收收入比重

在国际经济活动中,关税起着对外来资本、商品和服务的"关卡"作用。较高的关税使外来资本、商品和服务较难进入当地市场;反之,较低的关税意味着对外来资本、商品和服务接受度较高。

2. 最惠国待遇进口农产品在进口农产品总量中的比重

"一带一路"所包含的65个国家中,64个国家是世界贸易组织(WTO,以下简称世贸组织)成员[①],因而我们可以通过世贸组织规则中的一些指标来评估这些国家对外贸易的开放程度。国际贸易最常见的形式是产品贸易,包括农产品和非农产品。就前者而言,本研究使用最惠国待遇进口农产品比重来评估东道国对外来农产品的欢迎程度。最惠国待遇指的是给予一个成员的优惠也应同样给予其他成员。一国的这一比重越高,说明该国对外来农产品的接纳度越高。

3. 最惠国待遇进口非农产品在进口非农产品总量中的比重

与前一个指标相似,本研究采用最惠国待遇进口非农产品在进口非农产品总量中的比重来评估东道国对外来非农产品的接纳程度。

4. 商业活动自由指数

在一个较为自由的市场中,企业有较多的机会参与市场竞争,竞争机制相对公平。然而,在一个市场垄断的环境中,企业难以通过公平竞争的方式生存下来。在这样的环境中,东道国当地的普通企业尚且生存艰难,外来企业更难以通过合法途径取得立足之地。因此,合作方会选择市场较为自由的国家进行合作。

---

① 65个国家中只有巴勒斯坦尚未加入世贸组织。

5. 法律权益强度指数

在制度发展较为完善的国家中,国内的公民、企业和外资企业都可以在较大程度上通过法律途径保障自身权益。法律是一种规范性手段,对于作为外来者的投资方而言,通过这种方式保障自身权益较为适宜。因而在本研究中,我们需要评价法律对投资者的保护能力。但是由于数据有限,本研究只能采用世界银行公布的法律权益强度指数,它表示担保法与破产法对借方与贷方的保护能力。

(七)社会文化因素

社会文化因素对国际合作的影响体现在两个方面。一是社会文化对经济活动产生的间接影响:文化发展水平较高的环境具有较强的创新能力与多元化的人才,人力资本水平较高。二是文化差异导致的投资阻力:在不同的文化环境中,人们的消费方式不同,与东道国的差异越大,外来投资方就越难理解当地人的生活习惯,便会在开拓本地市场的过程中遇到更多困难。

1. 公共教育支出在 GDP 中的比重

一个国家教育的公共属性越强,公共教育支出占 GDP 的比重就越高,该国的居民就有越多平等的机会获得公共教育资源,就越能体现出政府对教育发展与人力资本的重视,也就越有较大的文化发展潜力。因此,本研究使用公共教育支出在 GDP 中的比重作为文化发展水平的度量指标之一。

2. 研究与发展(R&D)经费占 GDP 比重

科技的发展是促进经济发展的重要推力,它使生产力水平提高。而科技发展是创新的结果,因此,一国的创新能力以及对创新的重视程度一定程度上决定了该国的经济发展潜力,也决定了是否能为国际合作创造良好的经济环境。本研究采用 R&D 经费占 GDP 的比重来评价各个国家和地区的创新潜力。

3. 人均受教育年数

随着全球产业结构的升级,人口文化素质对人力资本价值的决定作用越来越显著。较高的人口文化素质能给经济带来更大的收益,也给国际合作提供了人力资源基础。人均受教育年数是常用于评价一个地区人口文化素质的指标。

4. 人均期望寿命

在文化发展水平较高的国家,人均期望寿命也较高,因为文化水平提高有助于人们的身体健康水平提高,从而提高期望寿命(童丽珍,李春森,2009)。在地区发展评价研究中,健康水平正在成为越来越重要的内容。本研究使用人均期望寿命来衡量健康水平。

五、指标数据描述与处理

为了清楚地总结并呈现本研究建立的指标体系框架,这部分将 7 个维度(一级指标)及其所包含的指标(二级指标)、单位、来源、时间和数据类型归纳为表 1-1。

表 1-1　指标性质描述

维度	二级指标	来源	时间	数据类型
经济因素	1. 人均国民收入/美元	联合国	2013 年	数值
	2. 年均经济增长率/%	世界银行	2014 年	数值
	3. 第三产业附加价值在 GDP 总量中的比重/%	联合国	2012 年	数值
	4. 对外贸易额在 GDP 总量中的比重/%	世界银行	2013 年	数值
	5. 国外直接投资额在 GDP 总量中的比重/%	世界银行	2014 年	数值
	6. 进口额在 GDP 总量中的比重/%	世界银行	2014 年	数值
	7. 基尼系数	联合国	2003—2012 年	数值
	8. 主权信用评级	标准普尔	2013 年	等级
政治因素	1. 政治稳定性	美国和平基金会	2015 年	数值
	2. 外部干预	美国和平基金会	2015 年	数值
	3. 社会安全管理	美国和平基金会	2015 年	数值
	4. 清廉指数	透明国际	2015 年	数值

维度	二级指标	来源	时间	数据类型
自然资源	1.人均国内可再生水资源量/立方米	世界银行	2013 年	数值
	2.森林覆盖率/%	世界银行	2013 年	数值
	3.油价/(美元·升⁻¹)	世界银行	2014 年	数值
生态环境	1.PM2.5 污染/(微克·立方米⁻¹)	世界银行	2013 年	数值
	2.人均二氧化碳排放量/(吨·人⁻¹)	世界银行	2011 年	数值
	3.遭受干旱、洪水和极端天气人口在总人口中的平均比重/%	世界银行	1990—2009 年	数值
基础设施因素	1.每百万人互联网服务器数量/(台·百万人⁻¹)	世界银行	2014 年	数值
	2.每百人互联网使用人数/人	世界银行	2014 年	数值
	3.航空货运量/(百万吨·千米⁻¹)	世界银行	2014 年	数值
	4.航空客运量/万人	世界银行	2014 年	数值
	5.铁路货运量/(十亿吨·千米⁻¹)	世界银行	2014 年	数值
	6.铁路客运量/(千万人·千米⁻¹)	世界银行	2014 年	数值
	7.港口质量	世界银行	2013 年	等级
	8.每百人移动电话服务拥有量/个	世界银行	2014 年	数值
	9.人均公共卫生支出/(美元·人⁻¹)	世界银行	2013 年	数值
	10.通电率/%	世界银行	2012 年	数值
法律因素	1.进口关税占总税收收入比重/%	世贸组织	2011—2013 年	数值
	2.最惠国待遇进口农产品在进口农产品总量中的比重/%	世贸组织	2013 年	数值
	3.最惠国待遇进口非农产品在进口非农产品总量中的比重/%	世贸组织	2013 年	数值
	4.商业活动自由指数	世界银行	2015 年	数值
	5.法律权益强度指数	世界银行	2015 年	数值

续表

维度	二级指标	来源	时间	数据类型
社会文化因素	1.公共教育支出在 GDP 中的比重/%	世界银行	2010 年	数值
	2.研究与发展(R&D)经费占 GDP 比重/%	世界银行	2011 年	数值
	3.人均受教育年数/年	联合国	2012 年	数值
	4.人均期望寿命/年	联合国	2013 年	数值

具体而言,经济因素包含 8 个指标:①人均国民收入;②年均经济增长率;③第三产业附加价值在 GDP 总量中的比重;④对外贸易额在 GDP 总量中的比重;⑤国外直接投资额在 GDP 总量中的比重;⑥进口额在 GDP 总量中的比重;⑦基尼系数;⑧主权信用评级。

政治因素包含 4 个指标:①政治稳定性;②外部干预;③社会安全管理;④清廉指数。

自然资源包括 3 个指标:①人均国内可再生水资源量;②森林覆盖率;③油价。

生态环境包含 3 个指标:①PM2.5 污染;②人均二氧化碳排放量;③遭受干旱、洪水和极端天气人口在总人口中的平均比重。

基础设施因素包含 10 个指标:①每百万人互联网服务器数量;②每百人互联网使用人数;③航空货运量;④航空客运量;⑤铁路货运量;⑥铁路客运量;⑦港口质量;⑧每百人移动电话服务拥有量;⑨人均公共卫生支出;⑩通电率。

法律因素包含 5 个指标:①进口关税占总税收收入比重;②最惠国待遇进口农产品在进口农产品总量中的比重;③最惠国待遇进口非农产品在进口非农产品总量中的比重;④商业活动自由指数;⑤法律权益强度指数。

社会文化因素包含 4 个指标:①公共教育支出在 GDP 中的比重;②研究与发展(R&D)经费占 GDP 比重;③人均受教育年数;④人均期望寿命。

在这些指标中,除了经济因素维度中的主权信用评级、基础设施因素维度中的港口质量这两个指标是等级型变量,其余均为数值型变量。基于时效性原则,本研究尽可能使用最新公布的数据,绝大多数指标使用了 2011 年以后的数据,仍有部分指标因没有公布最新的资料而无法获得。

本研究使用的数据和指标来源于世界组织(包括政府间组织与非政府组织)、企业和学术机构,包括联合国、世界银行、标准普尔、美国和平基金会、"透明国际"、世贸组织和列国志数据库。这些组织具有较强的权威性,提供的数据和指标有较高的可信度,在理论和实证研究中运用它们所提供的数据和指标的文献浩如烟海。如黄伟新(2014)使用世界银行提出的物流绩效指数研究了丝绸之路经济带的国际物流绩效对中国贸易出口的影响,以及李国璋(2010)使用透明国际的腐败指数数据验证了经济增长和腐败存在库兹涅茨曲线效应。又如道明广(2011)使用联合国开发计划署的数据检验收入分配、总和生育率、人均 GDP 以及女性与男性识字率之比对经济增长的影响。因此,本研究应用这些数据及指标对各国的发展情况进行评价,将具有较高的科学性。

需要说明的是,巴勒斯坦大量数据缺失(缺少 32 个指标的数据),而且该国的经济影响力和对华经贸联系并不突出,将其排除在外对本研究的影响不大。因此,在下一部分的评价结果中,除了法律环境之外(土库曼斯坦在该一级指标中没有数据),每个一级指标只包含 64 个国家。

所有指标的描述统计如表 1-2 所示,计算得出每个指标的最大值、最小值、均值和标准差。需要说明的是,这些指标中部分的数值是"降序"表示的,即数值越低,情况越好。基于评价的可比性原则,所有指标必须以"升序"表示,即数值越高,情况越好。所以,这些"降序"的指标需要转换成"升序"。我们对这些数据通过"做减法"的方式进行处理,对应的指标在表 1-2 中用灰底色标出。具体而言,在经济因素的指标中,在 0~1 变动的基尼系数越高,表示收入越不平等(情况越差),那么对于某国来说,我们就用 1 减去该国的基尼系数,就得到了"升序"的分数。在政治因素评价中,政治稳定性、外部干预和社会安全管理这三个指标来自美国和平基金会提出的"脆弱国家指数[①]",它的评分原则是给每个国家在 0~10 之内打分,分数越高的国家越"脆弱"。所以我们用 10 减去某个国家的分数就得到了分数越高越强的结果。在自然资源指标中,油价越高表示获得汽油越困难,因而我们用最高的油价减去每个国家的

---

① 又名"失败国家指数"。

油价得到该国的油价分数。在生态环境的指标中,PM2.5 污染、人均二氧化碳排放量和遭受自然灾害的人口比重都是数值越高时情况越糟,我们用 PM2.5 污染最严重的国家的数值减去某国的 PM2.5 年均微克数,从而获得该国 PM2.5 指标的得分。人均二氧化碳排放量亦可用此方法获得。同样,受灾人口比重的分数通过 1 分别减去各国受灾人口比获得。在法律因素的指标中,进口关税占总税收收入的比重越高,说明该国对进口商品和服务的壁垒越多,因而我们用 1 减去某国这一比重的值得到适合于评价的分数。同理,该维度的商业活动自由指数来源于世界银行,它有 189 个国家的排名,某国的名次越靠前(数值越低)表示越自由,因此我们用 189 减去某国的名次,得到"升序"的分数。

表 1-2 描述统计

一级指标	二级指标	最大值	最小值	均值	标准差	缺省数
经济因素	1. 人均国民收入/美元	93237	672.5	12227	15862	0
	2. 年均经济增长率/%	10.3	−6.8	3.3	3.0	2
	3. 第三产业附加价值在 GDP 总量中的比重/%	84.0	28.2	55.8	14.1	8
	4. 对外贸易额在 GDP 总量中的比重/%	359.9	33.3	105.5	52.1	5
	5. 国外直接投资额在 GDP 总量中的比重/%	21.9	0.03	3.6	3.7	2
	6. 进口额在 GDP 总量中的比重/%	163.2	18.7	53.0	25.1	6
	7. 基尼系数	46.2	25.6	34.5	4.8	9
	8. 主权信用评级	9.6	2.4	5.5	1.7	15
政治因素	1. 政治稳定性	9.9	2.6	6.9	2.0	0
	2. 外部干预	9.9	1.7	5.9	2.1	0
	3. 社会安全管理	10.0	1.6	6.0	2.3	0
	4. 清廉指数	85.0	11.0	40.6	16.0	2
自然资源	1. 人均国内可再生水资源量/立方米	103361	3.0	6548.3	14179	2
	2. 森林覆盖率/%	79.6	0.01	25.8	21.9	1
	3. 油价/(美元·升$^{-1}$)	2.1	0.2	1.2	0.5	1

一级指标	二级指标	最大值	最小值	均值	标准差	缺省数
生态环境	1.PM2.5污染/(微克·立方米⁻¹)	54.1	8.3	23.2	11.7	1
	2.人均二氧化碳排放量/(吨·人⁻¹)	44.0	0.2	6.7	7.8	0
	3.遭受干旱、洪水和极端天气人口在总人口中的平均比重/%	6.6	0.0005	1.0	1.6	10
基础设施因素	1.每百万人互联网服务器数量/(台·百万人⁻¹)	927.2	0.4	132.0	207.7	0
	2.每百人互联网使用人数/人	91.5	2.1	49.9	24.7	0
	3.航空货运量/(百万吨·千米⁻¹)	15624	0.0004	873.9	2428.3	8
	4.航空客运量/万人	9450.4	2.9	1301.5	2395.1	3
	5.铁路货运量/(十亿吨·千米⁻¹)	2298.6	0.2	86.4	362.6	21
	6.铁路客运量/(千万人·千米⁻¹)	97851	2.4	3133.8	14795	20
	7.港口质量	6.8	1.3	4.0	1.1	8
	8.每百人移动电话服务拥有量/人	218.4	49.5	120.7	34.7	0
	9.人均公共卫生支出/(美元·人⁻¹)	2598.9	14.4	634.3	655.6	0
	10.通电率/%	100.0	31.1	92.9	15.4	0
法律因素	1.进口关税占总税收入比重/%	81.3	0.0	14.0	18.5	24
	2.最惠国待遇进口农产品在进口农产品总量中的比重/%	98.2	0.0	33.6	22.2	7
	3.最惠国待遇进口非农产品在进口非农产品总量中的比重/%	100.0	0.0	42.2	25.9	7
	4.商业活动自由指数	177.0	1.0	77.6	47.0	2
	5.法律权益强度指数	12.0	1.0	5.1	2.9	4
社会文化因素	1.公共教育支出在 GDP 中的比重/%	9.1	1.6	4.3	1.5	27
	2.研究与发展(R&D)经费占 GDP 比重/%	4.1	0.03	0.8	0.8	24
	3.人均受教育年数/年	12.5	2.3	8.7	2.7	0
	4.人均期望寿命/年	82.3	60.9	72.9	4.7	0

由于某些指标缺少部分国家的数据,我们还统计了每个指标的缺省数(见表1-3)。部分指标的国家数据齐全,但多数指标的国家数据有所缺失。如巴勒斯坦的数据大部分缺失,巴基斯坦的数据少量缺失。为了确保评价的有效

性,针对这种情况,在计算过程中需要对缺省数值进行处理:假设发展指数某一类别的分数由三部分组成,权重比例是30∶40∶30,如果某个国家第一项分数是27,第二项是35,第三项缺失,那么总分数=(27+35)/0.7,这样就在部分指标缺失的条件下仍可以进行综合比较。

表1-3 部分指标处理后的描述统计

一级指标	二级指标	最大值	最小值	均值	标准差	缺省数
经济因素	1. 人均国民收入/美元	93237	672.5	12227	15862	0
	2. 年均经济增长率/%	10.3	−6.8	3.3	3.0	2
	3. 第三产业附加价值在GDP总量中的比重/%	84.0	28.2	55.8	14.1	8
	4. 对外贸易额在GDP总量中的比重/%	359.9	33.3	105.5	52.1	5
	5. 国外直接投资额在GDP总量中的比重/%	21.9	0.03	3.6	3.7	2
	6. 进口额在GDP总量中的比重/%	163.2	18.7	53.0	25.1	6
	7. 基尼系数(Gini coefficient)	74.4	53.8	65.5	4.8	9
	8. 主权信用评级(Credit rating)	9.6	2.4	5.5	1.7	15
政治因素	1. 政治稳定性	7.4	0.1	3.1	2.0	0
	2. 外部干预	8.3	0.1	4.1	2.1	0
	3. 社会安全管理	8.4	0.0	4.0	2.3	0
	4. 清廉指数	85.0	11.0	40.6	16.0	2
自然资源	1. 人均国内可再生水资源量/立方米	103361	3.0	6548.3	14179	2
	2. 森林覆盖率/%	79.6	0.01	25.8	21.9	1
	3. 油价/(美元·升⁻¹)	3.2	1.3	2.2	0.5	1
生态环境	1. PM2.5污染/(微克·立方米⁻¹)	61.8	16.0	46.9	11.7	1
	2. 人均二氧化碳排放量/(吨·人⁻¹)	44.0	0.2	6.7	7.8	0
	3. 遭受干旱、洪水和极端天气人口在总人口中的平均比重/%	43.9	0.0	37.3	7.8	0

一级指标	二级指标	最大值	最小值	均值	标准差	缺省数
基础设施因素	1.每百万人互联网服务器数量/(台·百万人$^{-1}$)	927.2	0.4	132.0	207.7	0
	2.每百人互联网使用人数/人	91.5	2.1	49.9	24.7	0
	3.航空货运量/(百万吨·千米$^{-1}$)	15624	0.0004	873.9	2428.3	8
	4.航空客运量/万人	9450.4	2.9	1301.5	2395.1	3
	5.铁路货运量/(十亿吨·千米$^{-1}$)	2298.6	0.2	86.4	362.6	21
	6.铁路客运量/(千万人·千米$^{-1}$)	97851	2.4	3133.8	14795	20
	7.港口质量	6.8	1.3	4.0	1.1	8
	8.每百人移动电话服务拥有量/人	218.4	49.5	120.7	34.7	0
	9.人均公共卫生支出/(美元·人$^{-1}$)	2598.9	14.4	634.3	655.6	0
	10.通电率/%	100.0	31.1	92.9	15.4	0
法律因素	1.进口关税占总税收收入比重/%	100.0	18.7	86.0	18.5	24
	2.最惠国待遇进口农产品在进口农产品总量中的比重/%	100.0	0.0	46.1	27.8	7
	3.最惠国待遇进口非农产品在进口非农产品总量中的比重/%	100.0	0.0	42.2	25.9	7
	4.商业活动自由指数	188.0	12.0	111.4	47.0	2
	5.法律权益强度指数	12.0	1.0	5.1	2.9	4
社会文化因素	1.公共教育支出在 GDP 中的比重/%	9.1	1.6	4.3	1.5	27
	2.研究与发展(R&D)经费占 GDP 比重/%	4.1	0.03	0.8	0.8	24
	3.人均受教育年数/年	12.5	2.3	8.7	2.7	0
	4.人均期望寿命/年	82.3	60.9	72.9	4.7	0

六、发展指数评价结果

首先对每个维度(一级指标)的情况用先标准化再求均值的方法进行评价,接着使用主成分分析的方法,根据每个一级指标的评价结果对每个国家进行综合评价。所有评价结果都将按分数排名和按区域归纳在表中展示。出于简洁表达的考虑,我们将每个指标用符号表示。所有分数经过标准化之后都在 0~1 取值。

（一）一级指标评价结果

1. 经济因素

在表 1-4 的第一行中，E1－E8 分别表示经济因素维度的 8 个指标。在这一维度中，表现最好的是新加坡，它不仅位列第一，而且其分数远高于其他国家。它在对外贸易额在 GDP 总量中的比重、国外直接投资额在 GDP 总量中的比重、进口额在 GDP 总量中的比重和主权信用评级这 4 个指标上都得到了最高的分数。从第 2 至第 5 名分别为马尔代夫、爱沙尼亚、卡塔尔、斯洛伐克和匈牙利，倒数 5 名是文莱、印度尼西亚、伊拉克、埃及和伊朗。

表 1-4　经济因素评价结果（按分数排名）

国家	E1	E2	E3	E4	E5	E6	E7	E8	分数	排名
新加坡	0.579	0.568	0.808	1.000	1.000	1.000		1.000	0.851	1
马尔代夫	0.072	0.777	0.871	0.482	0.540	0.489	0.896		0.580	2
爱沙尼亚	0.205	0.568	0.695	0.423	0.269	0.428	0.868	0.778	0.527	3
卡塔尔	1.000	0.630		0.212	0.021	0.081		0.833	0.508	4
斯洛伐克	0.186	0.545	0.591	0.460	0.003	0.481	0.920	0.722	0.498	5
匈牙利	0.137	0.612	0.660	0.414	0.408	0.438	0.920	0.389	0.497	6
捷克	0.189	0.513	0.577	0.353	0.107	0.404	0.995	0.778	0.489	7
土库曼斯坦	0.084	1.000	0.158		0.300		0.888	0.556	0.480	8
斯洛文尼亚	0.251	0.576	0.680	0.341	0.094	0.346	0.885	0.611	0.477	9
立陶宛	0.164	0.575	0.764	0.409	0.032	0.419	0.851	0.611	0.475	10
拉脱维亚	0.162	0.536	0.904	0.277	0.127	0.298	0.993	0.611	0.473	11
摩尔多瓦	0.016	0.667	0.747	0.277	0.199	0.410	0.898		0.459	12
黑山	0.073	0.502	0.808	0.213	0.493	0.286	0.942	0.278	0.451	13
叙利亚	0.012						0.859		0.433	14
格鲁吉亚	0.037	0.676	0.694	0.211	0.454	0.288	0.884	0.278	0.425	15
斯里兰卡	0.031	0.658	0.525		0.053		0.831		0.423	16
保加利亚	0.076	0.488	0.650	0.310	0.157	0.327	0.742	0.389	0.420	17
波兰	0.140	0.593	0.641	0.176	0.143	0.190	0.828	0.556	0.417	18
约旦	0.044	0.579	0.692	0.248	0.223	0.349		0.333	0.416	19

国家	E1	E2	E3	E4	E5	E6	E7	E8	分数	排名
吉尔吉斯斯坦	0.006	0.608	0.485	0.308	0.128	0.480	0.925		0.415	20
塞浦路斯	0.267	0.266	1.000	0.202	0.168	0.235	0.926	0.278	0.411	21
塔吉克斯坦	0.010	0.789	0.407	0.166	0.127		0.968		0.404	22
越南	0.013	0.748	0.242	0.403	0.224	0.446		0.278	0.401	23
克罗地亚	0.133	0.377	0.722	0.160	0.313	0.177	0.848	0.389	0.394	24
以色列	0.404	0.547		0.096	0.099	0.082		0.722	0.394	25
柬埔寨	0.004	0.811	0.213	0.290	0.470	0.332	0.857	0.167	0.392	26
哈萨克斯坦	0.113	0.655	0.495	0.101	0.158	0.050	0.840	0.556	0.385	27
阿拉伯联合酋长国	0.468	0.665	0.206	0.443	0.114	0.410	0.777		0.384	28
阿尔巴尼亚	0.043	0.525	0.637	0.170	0.396	0.197	0.974	0.222	0.383	29
蒙古国	0.034	0.855	0.439	0.206	0.145	0.258	0.951	0.278	0.382	30
北马其顿	0.050	0.618	0.662	0.222	0.023	0.321		0.333	0.371	31
罗马尼亚	0.100	0.560	0.420	0.143	0.087	0.154	0.963	0.444	0.361	32
希腊	0.224	0.436	0.973	0.094	0.031	0.114	0.875	0.111	0.357	33
黎巴嫩	0.081	0.515	0.810	0.269	0.294	0.356	0.805	0.167	0.356	34
菲律宾	0.030	0.756	0.515	0.082	0.098	0.095	0.818	0.500	0.353	35
老挝	0.011	0.837	0.138	0.153	0.273	0.214	0.850		0.352	36
塞尔维亚	0.057	0.292	0.583	0.183	0.207	0.246	0.872	0.278	0.348	37
乌兹别克斯坦	0.017	0.871	0.367	0.077	0.053	0.059	0.782	0.500	0.348	38
土耳其	0.104	0.568	0.651	0.075	0.072	0.093	0.854	0.389	0.343	39
波斯尼亚和黑塞哥维那	0.046	0.443	0.673	0.172	0.123	0.269	0.957	0.167	0.342	40
印度	0.010	0.824	0.391	0.061	0.074	0.047	0.937	0.444	0.342	41
白俄罗斯	0.077	0.491	0.341	0.277	0.110	0.271	0.763	0.111	0.333	42
缅甸	0.006	0.895			0.098		0.332		0.333	43
马来西亚	0.107	0.748	0.376	0.335	0.142	0.318	0.302	0.611	0.330	44
亚美尼亚	0.034	0.602	0.305	0.132	0.157	0.195	0.893	0.278	0.328	45

国家	E1	E2	E3	E4	E5	E6	E7	E8	分数	排名
孟加拉国	0.005	0.752	0.501	0.040	0.065	0.047	0.845	0.278	0.324	46
不丹	0.019	0.717	0.189	0.213	0.018	0.267	0.843		0.321	47
巴林	0.216	0.660		0.265	0.128	0.176	0.876	0.444	0.315	48
阿富汗	0.000	0.474	0.454	0.070	0.010	0.190	0.792		0.310	49
尼泊尔	0.000	0.712	0.355	0.045	0.000	0.156	0.821		0.309	50
俄罗斯	0.127	0.435	0.556	0.055	0.055	0.029	1.000	0.389	0.305	51
阿塞拜疆	0.075	0.515	0.058	0.129	0.268	0.052	0.918	0.444	0.303	52
泰国	0.054	0.448	0.286	0.305	0.041	0.304	0.840	0.556	0.291	53
沙特阿拉伯	0.261	0.600	0.128	0.152	0.048	0.107	0.826	0.722	0.288	54
科威特	0.506	0.303	0.043	0.197	0.012	0.087		0.833	0.283	55
阿曼	0.192	0.567	0.006	0.294	0.040	0.193		0.667	0.280	56
也门	0.007							0.000	0.278	57
巴基斯坦	0.008	0.675	0.452	0.000	0.032	0.000	0.907	0.111	0.277	58
乌克兰	0.024	0.000	0.615	0.189	0.028	0.239	0.988	0.111	0.276	59
伊朗	0.052	0.652		0.043	0.021	0.001	0.925		0.264	60
埃及	0.026	0.526	0.325	0.029	0.075	0.037	0.881	0.111	0.257	61
伊拉克	0.052	0.274		0.105	0.096	0.074	0.793		0.254	62
印度尼西亚	0.029	0.692	0.243	0.047	0.134	0.040		0.389	0.235	63
文莱	0.431	0.261	0.000	0.231	0.150	0.117	0.750		0.198	64

注：分数相同的国家按照国家名称拼音的音序排名，余表同。

从每个国家在二级指标的得分上看，除了没有数据的国家外，人均国民收入（E1）最高的是卡塔尔，最低的是阿富汗；年均经济增长率（E2）最高的是土库曼斯坦，最低的是乌克兰；第三产业附加值在 GDP 总量中的比重（E3）最高的是塞浦路斯，最低的是文莱；对外贸易额在 GDP 总量中的比重（E4）次高的是马尔代夫（但是比第一的新加坡低很多），最低的是巴基斯坦；国外直接投资额在 GDP 总量中的比重（E5）次高的仍然是马尔代夫，最低的是尼泊尔；进口额在 GDP 总量中的比重（E6）次高的还是马尔代夫，最低的是巴基斯坦；基尼系数（E7）得分最高的是俄罗斯，最低的是马来西亚；主权信用评级（E8）得分次高的是科威特和卡塔尔,最低的是也门。

　　分区域观察各国的情况,首先可以发现东盟国家整体经济发展不够理想,多数国家居于 64 个国家的后 50%。其中,新加坡的经济发展最好,其次是越南(位列第 23 名),再次是柬埔寨(位列第 26 名),得分最低的是文莱(倒数第 1 名)。接着,西亚国家的经济发展得分则差异较大,其中卡塔尔是该区域经济发展最好的国家,在所有 64 个国家中位居第 4,其次是第 14 名的叙利亚,再次是第 19 名的约旦。然而,也有三个国家在 60 名之后,它们分别是伊朗(第 60 名)、埃及(第 61 名)和伊拉克(第 62 名)。南亚国家的经济发展整体较差,且各国的排名差异较小。虽然该区域有仅次于新加坡的马尔代夫,但是,除了它和斯里兰卡(第 16 名)之外,其余国家均在 40 名之后,分别是第 41 名的印度、第 46 名的孟加拉国、第 47 名的不丹、第 50 名的尼泊尔和第 58 名的巴基斯坦。中亚国家与蒙古国的经济发展整体较为良好,多数居于前 50%。其中,得分最高的是土库曼斯坦(第 8 名),最低的是阿富汗(第 49 名),其余国家均在 20 至 40 名之间,它们的排名情况分别是吉尔吉斯斯坦位列第 20 名,塔吉克斯坦位列第 22 名,哈萨克斯坦位列第 27 名,蒙古国位列第 30 名,乌兹别克斯坦位列第 38 名。独联体国家的整体经济发展不佳,没有一个国家进入前 10 名,得分最高的摩尔多瓦仅位居第 12 名,其次是格鲁吉亚,它位列第 15 名,其他国家都在最后 35% 的水平,其中得分最低的乌克兰在所有国家中位居第 59 名。最后,中东欧国家的经济发展整体较好,超过一半(10 个)的国家在 20 名之前,并且各国的水平总体差异较小。其中得分最高的爱沙尼亚在所有国家中排在第 3 名,其次是位列第 5 名的斯洛伐克,接着是位列第 6 名的匈牙利。该区域中经济发展最差的波斯尼亚和黑塞哥维那在所有国家中排在第 40 名(见表 1-5)。

表 1-5　经济因素评价结果(按区域归纳)

国家	E1	E2	E3	E4	E5	E6	E7	E8	分数	排名
东盟:										
新加坡	0.579	0.568	0.808	1.000	1.000	1.000	0.000	1.000	0.851	1
马来西亚	0.107	0.748	0.376	0.335	0.142	0.318	0.302	0.611	0.330	44
印度尼西亚	0.029	0.692	0.243	0.047	0.134	0.040		0.389	0.235	63
缅甸	0.006	0.895			0.098		0.332		0.333	43

续表

国家	E1	E2	E3	E4	E5	E6	E7	E8	分数	排名
泰国	0.054	0.448	0.286	0.305	0.041	0.304	0.840	0.556	0.291	53
老挝	0.011	0.837	0.138	0.153	0.273	0.214	0.850		0.352	36
柬埔寨	0.004	0.811	0.213	0.290	0.470	0.332	0.857	0.167	0.392	26
越南	0.013	0.748	0.242	0.403	0.224	0.446		0.278	0.401	23
文莱	0.431	0.261	0.000	0.231	0.150	0.117	0.750		0.198	64
菲律宾	0.030	0.756	0.515	0.082	0.098	0.095	0.818	0.500	0.353	35

西亚：

国家	E1	E2	E3	E4	E5	E6	E7	E8	分数	排名
伊朗	0.052	0.652		0.043	0.021	0.001	0.925		0.264	60
伊拉克	0.052	0.274		0.105	0.096	0.074	0.793		0.254	62
土耳其	0.104	0.568	0.651	0.075	0.072	0.093	0.854	0.389	0.343	39
叙利亚	0.012						0.859		0.433	14
约旦	0.044	0.579	0.692	0.248	0.223	0.349		0.333	0.416	19
黎巴嫩	0.081	0.515	0.810	0.269	0.294	0.356	0.805	0.167	0.356	34
以色列	0.404	0.547		0.096	0.099	0.082		0.722	0.394	25
沙特阿拉伯	0.261	0.600	0.128	0.152	0.048	0.107	0.826	0.722	0.288	54
也门	0.007							0.000	0.278	57
阿曼	0.192	0.567	0.006	0.294	0.040	0.193		0.667	0.280	56
阿拉伯联合酋长国	0.468	0.665	0.206	0.443	0.114	0.410	0.777		0.384	28
卡塔尔	1.000	0.630		0.212	0.021	0.081		0.833	0.508	4
科威特	0.506	0.303	0.043	0.197	0.012	0.087		0.833	0.283	55
巴林	0.216	0.660		0.265	0.128	0.176	0.876	0.444	0.315	48
埃及	0.026	0.526	0.325	0.029	0.075	0.037	0.881	0.111	0.257	61

南亚：

国家	E1	E2	E3	E4	E5	E6	E7	E8	分数	排名
印度	0.010	0.824	0.391	0.061	0.074	0.047	0.937	0.444	0.342	41
巴基斯坦	0.008	0.675	0.452	0.000	0.032	0.000	0.907	0.111	0.277	58
孟加拉国	0.005	0.752	0.501	0.040	0.065	0.047	0.845	0.278	0.324	46
斯里兰卡	0.031	0.658	0.525		0.053		0.831		0.423	16

国家	E1	E2	E3	E4	E5	E6	E7	E8	分数	排名
马尔代夫	0.072	0.777	0.871	0.482	0.540	0.489	0.896		0.580	2
尼泊尔	0.000	0.712	0.355	0.045	0.000	0.156	0.821		0.309	50
不丹	0.019	0.717	0.189	0.213	0.018	0.267	0.843		0.321	47
中亚和蒙古国:										
蒙古国	0.034	0.855	0.439	0.206	0.145	0.258	0.951	0.278	0.382	30
哈萨克斯坦	0.113	0.655	0.495	0.101	0.158	0.050	0.840	0.556	0.385	27
乌兹别克斯坦	0.017	0.871	0.367	0.077	0.053	0.059	0.782	0.500	0.348	38
土库曼斯坦	0.084	1.000	0.158		0.300		0.888	0.556	0.480	8
吉尔吉斯斯坦	0.006	0.608	0.485	0.308	0.128	0.480	0.925		0.415	20
塔吉克斯坦	0.010	0.789	0.407	0.166	0.127		0.968		0.404	22
阿富汗	0.000	0.474	0.454	0.070	0.010	0.190	0.792		0.310	49
独联体:										
俄罗斯	0.127	0.435	0.556	0.055	0.055	0.029	1.000	0.389	0.305	51
乌克兰	0.024	0.000	0.615	0.189	0.028	0.239	0.988	0.111	0.276	59
白俄罗斯	0.077	0.491	0.341	0.277	0.110	0.271	0.763	0.111	0.333	42
格鲁吉亚	0.037	0.676	0.694	0.211	0.454	0.288	0.884	0.278	0.425	15
阿塞拜疆	0.075	0.515	0.058	0.129	0.268	0.052	0.918	0.444	0.303	52
亚美尼亚	0.034	0.602	0.305	0.132	0.157	0.195	0.893	0.278	0.328	45
摩尔多瓦	0.016	0.667	0.747	0.277	0.199	0.410	0.898		0.459	12
中东欧:										
波兰	0.140	0.593	0.641	0.176	0.143	0.190	0.828	0.556	0.417	18
立陶宛	0.164	0.575	0.764	0.409	0.032	0.419	0.851	0.611	0.475	10
爱沙尼亚	0.205	0.568	0.695	0.423	0.269	0.428	0.868	0.778	0.527	3
拉脱维亚	0.162	0.536	0.904	0.277	0.127	0.298	0.993	0.611	0.473	11
捷克	0.189	0.513	0.577	0.353	0.107	0.404	0.995	0.778	0.489	7

国家	E1	E2	E3	E4	E5	E6	E7	E8	分数	排名
斯洛伐克	0.186	0.545	0.591	0.460	0.003	0.481	0.920	0.722	0.498	5
匈牙利	0.137	0.612	0.660	0.414	0.408	0.438	0.920	0.389	0.497	6
斯洛文尼亚	0.251	0.576	0.680	0.341	0.094	0.346	0.885	0.611	0.477	9
克罗地亚	0.133	0.377	0.722	0.160	0.313	0.177	0.848	0.389	0.394	24
波斯尼亚和黑塞哥维那	0.046	0.443	0.673	0.172	0.123	0.269	0.957	0.167	0.342	40
黑山	0.073	0.502	0.808	0.213	0.493	0.286	0.942	0.278	0.451	13
塞尔维亚	0.057	0.292	0.583	0.183	0.207	0.246	0.872	0.278	0.348	37
阿尔巴尼亚	0.043	0.525	0.637	0.170	0.396	0.197	0.974	0.222	0.383	29
罗马尼亚	0.100	0.560	0.420	0.143	0.087	0.154	0.963	0.444	0.361	32
保加利亚	0.076	0.488	0.650	0.310	0.157	0.327	0.742	0.389	0.420	17
希腊	0.224	0.436	0.973	0.094	0.031	0.114	0.875	0.111	0.357	33
塞浦路斯	0.267	0.266	1.000	0.202	0.168	0.235	0.926	0.278	0.411	21
北马其顿	0.050	0.618	0.662	0.222	0.023	0.321		0.333	0.371	31

2. 政治因素

在表 1-6 中的第一行中,P1—P4 表示政治因素的四个指标。在这一维度中,综合得分最高的是新加坡,它在外部干预、社会安全管理和清廉指数三个指标中得到了最高分。第 2 名至第 5 名分别是斯洛文尼亚、波兰、爱沙尼亚和立陶宛,而排名倒数 5 名的国家分别是阿富汗、叙利亚、伊拉克、也门和巴基斯坦。

从每个国家在二级指标的得分上看,除去没有数据的国家,政治稳定性(P1)最强的是斯洛文尼亚,最弱的是叙利亚;外部干预(P2)位列第 2 的是阿曼,最少的仍是叙利亚;社会安全管理(P3)水平位列第 2 的是斯洛文尼亚,最低的有叙利亚、也门、伊拉克、阿富汗;清廉指数(P4)位列第 2 的是卡塔尔,最腐败的国家是阿富汗。

表 1-6 政治因素评价结果(按分数排名)

国家	P1	P2	P3	P4	分数	排名
新加坡	0.836	1.000	1.000	1.000	0.959	1
斯洛文尼亚	1.000	0.927	0.940	0.662	0.882	2
波兰	0.918	0.878	0.917	0.689	0.850	3
爱沙尼亚	0.918	0.829	0.821	0.797	0.841	4
立陶宛	0.918	0.841	0.833	0.676	0.817	5
捷克	0.781	0.890	0.881	0.608	0.790	6
斯洛伐克	0.849	0.805	0.917	0.541	0.778	7
卡塔尔	0.534	0.817	0.893	0.811	0.764	8
拉脱维亚	0.822	0.744	0.774	0.595	0.734	9
阿拉伯联合酋长国	0.452	0.854	0.821	0.797	0.731	10
克罗地亚	0.890	0.671	0.714	0.541	0.704	11
匈牙利	0.452	0.720	0.905	0.541	0.654	12
罗马尼亚	0.589	0.707	0.774	0.473	0.636	13
阿曼	0.452	0.939	0.631	0.459	0.620	14
黑山	0.808	0.488	0.714	0.446	0.614	15
保加利亚	0.671	0.622	0.702	0.405	0.600	16
科威特	0.356	0.671	0.726	0.514	0.567	17
蒙古国	0.740	0.415	0.714	0.378	0.562	18
不丹	0.671	0.244	0.595	0.730	0.560	19
希腊	0.466	0.488	0.655	0.473	0.520	20
塞浦路斯	0.630	0.085	0.667	0.676	0.514	21
北马其顿	0.603	0.488	0.548	0.419	0.514	22
马来西亚	0.411	0.695	0.381	0.527	0.504	23
约旦	0.521	0.378	0.536	0.568	0.500	24

国家	P1	P2	P3	P4	分数	排名
文莱	0.260	0.707	0.524		0.497	25
印度尼西亚	0.589	0.561	0.452	0.338	0.485	26
阿尔巴尼亚	0.507	0.463	0.631	0.338	0.485	27
沙特阿拉伯	0.288	0.622	0.429	0.554	0.473	28
塞尔维亚	0.575	0.402	0.476	0.392	0.461	29
印度	0.644	0.561	0.250	0.365	0.455	30
以色列	0.493	0.280	0.357	0.676	0.452	31
土耳其	0.493	0.598	0.274	0.419	0.446	32
巴林	0.205	0.561	0.393	0.541	0.425	33
越南	0.247	0.585	0.583	0.270	0.421	34
亚美尼亚	0.397	0.378	0.560	0.324	0.415	35
哈萨克斯坦	0.260	0.634	0.512	0.230	0.409	36
摩尔多瓦	0.493	0.317	0.405	0.297	0.378	37
泰国	0.260	0.683	0.131	0.365	0.360	38
波斯尼亚和黑塞哥维那	0.397	0.207	0.452	0.365	0.355	39
马尔代夫	0.192	0.354	0.464		0.337	40
格鲁吉亚	0.151	0.317	0.321	0.554	0.336	41
斯里兰卡	0.260	0.427	0.250	0.351	0.322	42
吉尔吉斯斯坦	0.288	0.366	0.381	0.230	0.316	43
尼泊尔	0.384	0.305	0.357	0.216	0.315	44
菲律宾	0.329	0.439	0.107	0.324	0.300	45
老挝	0.123	0.402	0.476	0.189	0.298	46
阿塞拜疆	0.178	0.366	0.393	0.243	0.295	47
孟加拉国	0.192	0.512	0.274	0.189	0.292	48
土库曼斯坦	0.027	0.646	0.381	0.095	0.287	49
白俄罗斯	0.178	0.256	0.405	0.284	0.281	50
塔吉克斯坦	0.110	0.427	0.381	0.203	0.280	51

国家	P1	P2	P3	P4	分数	排名
俄罗斯	0.274	0.488	0.107	0.243	0.278	52
埃及	0.164	0.341	0.214	0.338	0.264	53
柬埔寨	0.205	0.305	0.393	0.135	0.260	54
乌兹别克斯坦	0.041	0.585	0.286	0.108	0.255	55
伊朗	0.137	0.354	0.238	0.216	0.236	56
缅甸	0.123	0.354	0.202	0.149	0.207	57
乌克兰	0.192	0.098	0.250	0.216	0.189	58
黎巴嫩	0.288	0.085	0.143	0.230	0.186	59
巴基斯坦	0.178	0.073	0.048	0.257	0.139	60
也门	0.082	0.049	0.000	0.095	0.056	61
伊拉克	0.096	0.061	0.000	0.068	0.056	62
叙利亚	0.000	0.000	0.000	0.095	0.024	63
阿富汗	0.027	0.012	0.000	0.000	0.010	64

从表1-7中可以发现,首先,东盟国家整体政治环境不佳,仅新加坡一国位列前10,其他国家都在20名之外。在东盟国家中位列第2的马来西亚在所有国家中仅排在第23名,接着是第25名的文莱,而该区域中政治环境最差的缅甸和柬埔寨都在50名之后,它们分别排在第57名和第54名。就西亚地区而言,各国表现参差不齐,这一地区中得分最高的卡塔尔在所有国家中位列第8名,另有三个国家居于第10至20名之间,它们分别是阿拉伯联合酋长国(第10名)、阿曼(第14名)和科威特(第17名)。但是,这一区域中政治环境最差的三个国家都在60名之后,它们分别是第63名的叙利亚、第62名的伊拉克和第61名的也门。就南亚国家而言,它们的水平较为一致,且整体较低,除了不丹排在第19名,印度排在第30名,其余国家均在40名之外,分数最低的巴基斯坦位列第60名。中亚国家与蒙古国的情况和南亚国家相似,整体水平不高,各国差异较小。在该区域内分数最高的蒙古国在所有国家中位列第18名,其次是排在第36名的哈萨克斯坦,其余国家都在40名之外,其中得分最低的阿富汗在所有国家中居于末位。中东欧国家的政治环境排名较为靠前,斯洛文尼亚、波兰、爱沙尼亚、立陶宛、捷克、斯洛伐克分别位于政治稳定性排

名的第 2—7 名。除波斯尼亚和黑塞哥维那之外,中东欧国家的排名均在 30
名之前,且国家之间政治环境差别较小。

表 1-7　政治因素评价结果(按区域归纳)

国家	P1	P2	P3	P4	分数	排名
东盟:						
新加坡	0.836	1.000	1.000	1.000	0.959	1
马来西亚	0.411	0.695	0.381	0.527	0.504	23
印度尼西亚	0.589	0.561	0.452	0.338	0.485	26
缅甸	0.123	0.354	0.202	0.149	0.207	57
泰国	0.260	0.683	0.131	0.365	0.360	38
老挝	0.123	0.402	0.476	0.189	0.298	46
柬埔寨	0.205	0.305	0.393	0.135	0.260	54
越南	0.247	0.585	0.583	0.270	0.421	34
文莱	0.260	0.707	0.524		0.497	25
菲律宾	0.329	0.439	0.107	0.324	0.300	45
西亚:						
伊朗	0.137	0.354	0.238	0.216	0.236	56
伊拉克	0.096	0.061	0.000	0.068	0.056	62
土耳其	0.493	0.598	0.274	0.419	0.446	32
叙利亚	0.000	0.000	0.000	0.095	0.024	63
约旦	0.521	0.378	0.536	0.568	0.500	24
黎巴嫩	0.288	0.085	0.143	0.230	0.186	59
以色列	0.493	0.280	0.357	0.676	0.452	31
沙特阿拉伯	0.288	0.622	0.429	0.554	0.473	28
也门	0.082	0.049	0.000	0.095	0.056	61
阿曼	0.452	0.939	0.631	0.459	0.620	14
阿拉伯联合酋长国	0.452	0.854	0.821	0.797	0.731	10
卡塔尔	0.534	0.817	0.893	0.811	0.764	8
科威特	0.356	0.671	0.726	0.514	0.567	17
巴林	0.205	0.561	0.393	0.541	0.425	33
埃及	0.164	0.341	0.214	0.338	0.264	53

国家	P1	P2	P3	P4	分数	排名
南亚:						
印度	0.644	0.561	0.250	0.365	0.455	30
巴基斯坦	0.178	0.073	0.048	0.257	0.139	60
孟加拉国	0.192	0.512	0.274	0.189	0.292	48
斯里兰卡	0.260	0.427	0.250	0.351	0.322	42
马尔代夫	0.192	0.354	0.464		0.337	40
尼泊尔	0.384	0.305	0.357	0.216	0.315	44
不丹	0.671	0.244	0.595	0.730	0.560	19
中亚和蒙古国:						
蒙古国	0.740	0.415	0.714	0.378	0.562	18
哈萨克斯坦	0.260	0.634	0.512	0.230	0.409	36
乌兹别克斯坦	0.041	0.585	0.286	0.108	0.255	55
土库曼斯坦	0.027	0.646	0.381	0.095	0.287	49
吉尔吉斯斯坦	0.288	0.366	0.381	0.230	0.316	43
塔吉克斯坦	0.110	0.427	0.381	0.203	0.280	51
阿富汗	0.027	0.012	0.000	0.000	0.010	64
独联体:						
俄罗斯	0.274	0.488	0.107	0.243	0.278	52
乌克兰	0.192	0.098	0.250	0.216	0.189	58
白俄罗斯	0.178	0.256	0.405	0.284	0.281	50
格鲁吉亚	0.151	0.317	0.321	0.554	0.336	41
阿塞拜疆	0.178	0.366	0.393	0.243	0.295	47
亚美尼亚	0.397	0.378	0.560	0.324	0.415	35
摩尔多瓦	0.493	0.317	0.405	0.297	0.378	37
中东欧:						
波兰	0.918	0.878	0.917	0.689	0.850	3
立陶宛	0.918	0.841	0.833	0.676	0.817	5

国家	P1	P2	P3	P4	分数	排名
爱沙尼亚	0.918	0.829	0.821	0.797	0.841	4
拉脱维亚	0.822	0.744	0.774	0.595	0.734	9
捷克	0.781	0.890	0.881	0.608	0.790	6
斯洛伐克	0.849	0.805	0.917	0.541	0.778	7
匈牙利	0.452	0.720	0.905	0.541	0.654	12
斯洛文尼亚	1.000	0.927	0.940	0.662	0.882	2
克罗地亚	0.890	0.671	0.714	0.541	0.704	11
波斯尼亚和黑塞哥维那	0.397	0.207	0.452	0.365	0.355	39
黑山	0.808	0.488	0.714	0.446	0.614	15
塞尔维亚	0.575	0.402	0.476	0.392	0.461	29
阿尔巴尼亚	0.507	0.463	0.631	0.338	0.485	27
罗马尼亚	0.589	0.707	0.774	0.473	0.636	13
保加利亚	0.671	0.622	0.702	0.405	0.600	16
希腊	0.466	0.488	0.655	0.473	0.520	20
塞浦路斯	0.630	0.085	0.667	0.676	0.514	21
北马其顿	0.603	0.488	0.548	0.419	0.514	22

3. 自然资源

在表1-8的第一行中,R1—R3分别表示自然资源维度的3个指标。这一维度与经济因素指标差别较大,表现最好的是不丹,它的人均国内可再生水资源量排在第1名,并且在森林覆盖率这一指标上也有很高的分数。此外,马来西亚、黑山、文莱、科威特在这一维度上的综合分数分别位列2至5名。最后5名则是阿富汗、孟加拉国、也门、柬埔寨和以色列。

从每个国家在二级指标上的表现来看,除了缺少数据的国家外,人均国内可再生水资源量(R1)排在不丹后一位的国家是俄罗斯,但是它与不丹的差距很大,而水资源最贫乏的国家是巴林、埃及、阿拉伯联合酋长国和卡塔尔;森林覆盖率(R2)最高的国家是老挝,最低的国家是阿曼;油价(R3)最低的国家是沙特阿拉伯,最高的是巴林和土耳其。

表 1-8　自然资源评价结果（按分数排名）

国家	R1	R2	R3	分数	排名
不丹	1.000	0.901	0.537	0.771	1
马来西亚	0.190	0.847	0.726	0.691	2
黑山		0.772	0.242	0.671	3
文莱	0.200	0.905	0.868	0.657	4
科威特		0.004	0.968	0.646	5
俄罗斯	0.291	0.625	0.658	0.643	6
卡塔尔	0.000		0.963	0.643	7
印度尼西亚	0.078	0.640	0.595	0.564	8
老挝	0.280	1.000	0.347	0.548	9
越南	0.039	0.588	0.537	0.537	10
白俄罗斯	0.038	0.532	0.526	0.524	11
土库曼斯坦	0.003	0.110	0.968	0.520	12
爱沙尼亚	0.093	0.661	0.316	0.518	13
格鲁吉亚	0.125	0.510	0.432	0.517	14
拉脱维亚	0.080	0.677	0.305	0.516	15
斯洛文尼亚	0.088	0.778	0.147	0.503	16
伊朗	0.016	0.082	0.887	0.496	17
沙特阿拉伯	0.001	0.006	1.000	0.493	18
波斯尼亚和黑塞哥维那	0.090	0.536	0.289	0.479	19
伊拉克	0.010	0.024	0.858	0.473	20
阿曼	0.003	0.000	0.921	0.473	21
阿拉伯联合酋长国	0.000	0.048	0.837	0.463	22
泰国	0.032	0.401	0.405	0.460	23
北马其顿	0.025	0.497	0.300	0.455	24
保加利亚	0.028	0.438	0.300	0.442	25
黎巴嫩	0.010	0.168	0.579	0.439	26
立陶宛	0.051	0.436	0.258	0.436	27

国家	R1	R2	R3	分数	排名
波兰	0.014	0.385	0.337	0.434	28
克罗地亚	0.086	0.431	0.211	0.432	29
菲律宾	0.047	0.318	0.532	0.429	30
吉尔吉斯斯坦	0.083	0.043	0.589	0.429	31
哈萨克斯坦	0.037	0.015	0.658	0.427	32
斯里兰卡	0.025	0.417	0.416	0.423	33
乌克兰	0.011	0.208	0.468	0.422	34
斯洛伐克	0.022	0.506	0.153	0.420	35
塞尔维亚	0.011	0.390	0.268	0.417	36
捷克	0.012	0.433	0.205	0.413	37
乌兹别克斯坦	0.005	0.096	0.547	0.412	38
罗马尼亚	0.020	0.367	0.247	0.409	39
叙利亚	0.003	0.033	0.647	0.407	40
蒙古国	0.118	0.103	0.553	0.406	41
埃及	0.000	0.001	0.621	0.406	42
阿塞拜疆	0.008	0.165	0.447	0.405	43
摩尔多瓦	0.003	0.153	0.447	0.401	44
阿尔巴尼亚	0.090	0.354	0.158	0.401	45
亚美尼亚	0.022	0.146	0.400	0.392	46
缅甸	0.183	0.579	0.484	0.389	47
匈牙利	0.006	0.286	0.253	0.386	48
新加坡	0.001	0.290	0.253	0.386	49
巴基斯坦	0.003	0.025	0.589	0.381	50
印度	0.011	0.297	0.505	0.376	51
塔吉克斯坦	0.076	0.037	0.389	0.375	52
希腊	0.051	0.389	0.042	0.370	53
塞浦路斯	0.007	0.235	0.237	0.370	54

国家	R1	R2	R3	分数	排名
尼泊尔	0.069	0.318	0.395	0.360	55
约旦	0.001	0.014	0.416	0.356	56
巴林	0.000	0.009	0.000	0.325	57
马尔代夫	0.001	0.042	0.226	0.317	58
土耳其	0.029	0.188	0.000	0.304	59
以色列	0.001	0.093	0.095	0.297	60
柬埔寨	0.077	0.691	0.379	0.287	61
也门	0.001	0.013	0.716	0.245	62
孟加拉国	0.006	0.138	0.400	0.240	63
阿富汗	0.015	0.026	0.521	0.184	64

从表 1-9 可以看各区域的得分情况,东盟国家自然资源禀赋差异较大,虽然有 5 个国家排在前 10 名之内(马来西亚第 2 名、文莱第 4 名、印度尼西亚第 8 名、老挝第 9 名、越南第 10 名),但是缅甸、新加坡和柬埔寨都在 40 名之后。西亚国家整体水平不够理想,只有科威特和卡塔尔进入了前 10 名,它们分别为第 5 名和第 7 名,也有不少国家在 40 名之后,包括叙利亚(第 40 名)、埃及(第 42 名)、约旦(第 56 名)、巴林(第 57 名)、土耳其(第 59 名)、以色列(第 60 名)和也门(第 62 名),另有 5 个国家在 10 至 30 名之间,它们是伊朗(第 17 名)、沙特阿拉伯(第 18 名)、伊拉克(第 20 名)、阿拉伯联合酋长国(第 22 名)和阿曼(第 21 名)。南亚国家的自然资源整体较为贫乏,除了位居第 1 名的不丹和第 33 名的斯里兰卡,其他国家都位于后 25%,它们分别是巴基斯坦(第 50 名)、印度(第 51 名)、尼泊尔(第 55 名)、马尔代夫(第 58 名)和孟加拉国(第 63 名)。中亚地区和蒙古国的情况也不乐观,该地区没有一个国家进入前 10 名,得分最高的土库曼斯坦在所有国家中仅排在第 12 名,并且其他国家都在 30 名之后,情况最差的阿富汗则排在倒数第 1 名。独联体国家的自然资源水平整体较为一般,除了俄罗斯排名第 6 名,白俄罗斯排名第 11 名以及格鲁吉亚排名第 14 名以外,其他国家也都在 30 名开外,但是没有排在 50 名之后的国家。中东欧国家的自然资源整体情况与独联体国家相似,只有黑山进入了

前 10 名(第 3 名),并且其他国家的得分参差不齐,其中 4 个国家在第 10 至 20 名之间(第 13 名的爱沙尼亚、第 15 名的拉脱维亚、第 16 名的斯洛文尼亚和第 19 名的波斯尼亚和黑塞哥维那),其余国家大多处于第 20 至 40 名之间,但也有分数较低的国家,如第 54 名的塞浦路斯。

表 1-9　自然资源评价结果(按区域归纳)

国家	R1	R2	R3	分数	排名
东盟:					
新加坡	0.001	0.290	0.253	0.386	49
马来西亚	0.190	0.847	0.726	0.691	2
印度尼西亚	0.078	0.640	0.595	0.564	8
缅甸	0.183	0.579	0.484	0.389	47
泰国	0.032	0.401	0.405	0.460	23
老挝	0.280	1.000	0.347	0.548	9
柬埔寨	0.077	0.691	0.379	0.287	61
越南	0.039	0.588	0.537	0.537	10
文莱	0.200	0.905	0.868	0.657	4
菲律宾	0.047	0.318	0.532	0.429	30
西亚:					
伊朗	0.016	0.082	0.887	0.496	17
伊拉克	0.010	0.024	0.858	0.473	20
土耳其	0.029	0.188	0.000	0.304	59
叙利亚	0.003	0.033	0.647	0.407	40
约旦	0.001	0.014	0.416	0.356	56
黎巴嫩	0.010	0.168	0.579	0.439	26
以色列	0.001	0.093	0.095	0.297	60
沙特阿拉伯	0.001	0.006	1.000	0.493	18
也门	0.001	0.013	0.716	0.245	62
阿曼	0.003	0.000	0.921	0.473	21
阿拉伯联合酋长国	0.000	0.048	0.837	0.463	22

国家	R1	R2	R3	分数	排名
卡塔尔	0.000		0.963	0.643	7
科威特		0.004	0.968	0.646	5
巴林	0.000	0.009	0.000	0.325	57
埃及	0.000	0.001	0.621	0.406	42
南亚：					
印度	0.011	0.297	0.505	0.376	51
巴基斯坦	0.003	0.025	0.589	0.381	50
孟加拉国	0.006	0.138	0.400	0.240	63
斯里兰卡	0.025	0.417	0.416	0.423	33
马尔代夫	0.001	0.042	0.226	0.317	58
尼泊尔	0.069	0.318	0.395	0.360	55
不丹	1.000	0.901	0.537	0.771	1
中亚和蒙古国：					
蒙古国	0.118	0.103	0.553	0.406	41
哈萨克斯坦	0.037	0.015	0.658	0.427	32
乌兹别克斯坦	0.005	0.096	0.547	0.412	38
土库曼斯坦	0.003	0.110	0.968	0.520	12
吉尔吉斯斯坦	0.083	0.043	0.589	0.429	31
塔吉克斯坦	0.076	0.037	0.389	0.375	52
阿富汗	0.015	0.026	0.521	0.184	64
独联体：					
俄罗斯	0.291	0.625	0.658	0.643	6
乌克兰	0.011	0.208	0.468	0.422	34
白俄罗斯	0.038	0.532	0.526	0.524	11
格鲁吉亚	0.125	0.510	0.432	0.517	14
阿塞拜疆	0.008	0.165	0.447	0.405	43
亚美尼亚	0.022	0.146	0.400	0.392	46

国家	R1	R2	R3	分数	排名
摩尔多瓦	0.003	0.153	0.447	0.401	44
中东欧：					
波兰	0.014	0.385	0.337	0.434	28
立陶宛	0.051	0.436	0.258	0.436	27
爱沙尼亚	0.093	0.661	0.316	0.518	13
拉脱维亚	0.080	0.677	0.305	0.516	15
捷克	0.012	0.433	0.205	0.413	37
斯洛伐克	0.022	0.506	0.153	0.420	35
匈牙利	0.006	0.286	0.253	0.386	48
斯洛文尼亚	0.088	0.778	0.147	0.503	16
克罗地亚	0.086	0.431	0.211	0.432	29
波斯尼亚和黑塞哥维那	0.090	0.536	0.289	0.479	19
黑山		0.772	0.242	0.671	3
塞尔维亚	0.011	0.390	0.268	0.417	36
阿尔巴尼亚	0.090	0.354	0.158	0.401	45
罗马尼亚	0.020	0.367	0.247	0.409	39
保加利亚	0.028	0.438	0.300	0.442	25
希腊	0.051	0.389	0.042	0.370	53
塞浦路斯	0.007	0.235	0.237	0.370	54
北马其顿	0.025	0.497	0.300	0.455	24

4. 生态环境

在表 1-10 的第一行中，N1—N3 表示生态环境维度的三个指标。在整个评价维度中，马尔代夫分数最高，第 2 名是菲律宾，第 3 名是印度尼西亚，第 4 名和第 5 名分别是克罗地亚和黑山。而倒数 5 位则是卡塔尔、巴林、阿拉伯联合酋长国、孟加拉国和科威特。

从每个指标的得分上看，除去没有数据的国家，PM2.5 污染（N1）最少的国家是蒙古国，其次是菲律宾，而污染最多的国家是沙特阿拉伯。人均二氧化碳排放量（N2）最少的国家是尼泊尔，其次是老挝、缅甸，而排放最多的国家是卡塔尔。遭受干旱、洪水和极端天气人口比重（N3）最低的国家是土库曼斯坦、科威特、以色列、塞浦路斯和克罗地亚，最高的国家是柬埔寨。

表 1-10　生态环境评价结果（按分数排名）

国家	N1	N2	N3	分数	排名
马尔代夫		0.937	0.995	0.966	1
菲律宾	0.994	0.984	0.879	0.952	2
印度尼西亚	0.859	0.951	0.976	0.929	3
克罗地亚	0.878	0.894	1.000	0.924	4
黑山	0.855	0.909	0.998	0.921	5
拉脱维亚	0.919	0.917		0.918	6
白俄罗斯	0.885	0.851	0.997	0.911	7
摩尔多瓦	0.809	0.972	0.948	0.910	8
匈牙利	0.838	0.893	0.987	0.906	9
罗马尼亚	0.815	0.908	0.987	0.903	10
格鲁吉亚	0.843	0.963	0.884	0.897	11
土耳其	0.806	0.904	0.980	0.896	12
亚美尼亚	0.794	0.966	0.928	0.896	13
斯洛伐克	0.834	0.858	0.993	0.895	14
塞尔维亚	0.837	0.849	0.998	0.895	15
保加利亚	0.834	0.851	0.999	0.894	16
希腊	0.846	0.831	0.999	0.892	17
马来西亚	0.867	0.824	0.985	0.892	18
乌克兰	0.852	0.861	0.960	0.891	19
立陶宛	0.882	0.900		0.891	20
波斯尼亚和黑塞哥维那	0.884	0.862	0.926	0.891	21
塞浦路斯	0.822	0.850	1.000	0.891	22
北马其顿	0.811	0.901	0.954	0.889	23
波兰	0.811	0.814	0.995	0.873	24

续表

国家	N1	N2	N3	分数	排名
新加坡	0.818	0.905		0.861	25
斯洛文尼亚	0.884	0.833		0.858	26
俄罗斯	0.871	0.715	0.980	0.856	27
捷克	0.820	0.766	0.977	0.854	28
黎巴嫩	0.667	0.897	0.997	0.854	29
不丹	0.568	0.986	0.998	0.851	30
阿富汗	0.708	0.994	0.841	0.848	31
缅甸	0.550	0.999	0.986	0.845	32
叙利亚	0.668	0.941	0.924	0.844	33
乌兹别克斯坦	0.624	0.914	0.981	0.840	34
爱沙尼亚	0.983	0.683		0.833	35
约旦	0.622	0.922	0.944	0.829	36
阿塞拜疆	0.728	0.920	0.834	0.827	37
哈萨克斯坦	0.871	0.643	0.967	0.827	38
斯里兰卡	0.807	0.987	0.675	0.823	39
蒙古国	1.000	0.846	0.615	0.820	40
吉尔吉斯斯坦	0.781	0.976	0.689	0.816	41
以色列	0.619	0.800	1.000	0.806	42
伊拉克	0.471	0.908	0.998	0.792	43
也门	0.391	0.983	0.985	0.786	44
越南	0.626	0.959	0.759	0.781	45
埃及	0.387	0.944	0.998	0.776	46
老挝	0.582	0.999	0.595	0.725	47
文莱	0.975	0.447		0.711	48
尼泊尔	0.175	1.000	0.894	0.690	49
泰国	0.694	0.900	0.435	0.676	50
阿尔巴尼亚	0.834	0.967	0.207	0.669	51

国家	N1	N2	N3	分数	排名
土库曼斯坦	0.272	0.726	1.000	0.666	52
巴基斯坦	0.173	0.982	0.841	0.666	53
塔吉克斯坦	0.753	0.995	0.191	0.646	54
伊朗	0.485	0.826	0.540	0.617	55
柬埔寨	0.751	0.997	0.000	0.582	56
阿曼	0.519	0.543		0.531	57
沙特阿拉伯	0.000	0.592	0.999	0.530	58
印度	0.162	0.966	0.344	0.491	59
科威特	0.109	0.363	1.000	0.491	60
孟加拉国	0.126	0.995	0.310	0.477	61
阿拉伯联合酋长国	0.288	0.538		0.413	62
巴林	0.229	0.594		0.412	63
卡塔尔	0.344	0.000		0.172	64

从每个区域的情况来看,东盟各国的生态环境质量差别很大,既有排在第2名和第3名的菲律宾和印度尼西亚,也有排在50名之后的泰国(第50名)和柬埔寨(第56名),其他国家分布在第18至50名之间。西亚国家的整体情况较差,没有一个国家的分数进入前10名,该区域中得分最高的土耳其仅位列第12名,而其他国家大多排在最后的25%。其中,得分最低的三个国家分别是卡塔尔、巴林和阿拉伯联合酋长国,它们分别占了倒数的3位。南亚国家的情况与西亚国家相似,除了马尔代夫与不丹之外,其他国家均在第35名之后,该区域中得分最低的是孟加拉国,在所有国家中排在第61名。中亚地区和蒙古国的整体情况比较糟糕,在该区域中分数最高的阿富汗仅排在第31名,分数最低的塔吉克斯坦则排在第54名。独联体国家的生态环境情况整体较好,其中白俄罗斯和摩尔多瓦进入了前10名(它们分别排在第7、8名),其他国家都在第10至40名之间,分数最低的阿塞拜疆位列第37名。中东欧国家的整体情况也较好,进入前10名的国家有5个,它们分别是第4名的克罗地亚、第5名的黑山、第6名的拉脱维亚、第9名的匈牙利和第10名的罗马尼亚。其余

国家大多排在第 10 至 30 名之间,仅阿尔巴尼亚(第 51 名)和爱沙尼亚(第 35 名)在 30 名之外(见表 1-11)。

表 1-11　生态环境评价结果(按区域归纳)

国家	N1	N2	N3	分数	排名
东盟:					
新加坡	0.818	0.905		0.861	25
马来西亚	0.867	0.824	0.985	0.892	18
印度尼西亚	0.859	0.951	0.976	0.929	3
缅甸	0.550	0.999	0.986	0.845	32
泰国	0.694	0.900	0.435	0.676	50
老挝	0.582	0.999	0.595	0.725	47
柬埔寨	0.751	0.997	0.000	0.582	56
越南	0.626	0.959	0.759	0.781	45
文莱	0.975	0.447		0.711	48
菲律宾	0.994	0.984	0.879	0.952	2
西亚:					
伊朗	0.485	0.826	0.540	0.617	55
伊拉克	0.471	0.908	0.998	0.792	43
土耳其	0.806	0.904	0.980	0.896	12
叙利亚	0.668	0.941	0.924	0.844	33
约旦	0.622	0.922	0.944	0.829	36
黎巴嫩	0.667	0.897	0.997	0.854	29
以色列	0.619	0.800	1.000	0.806	42
沙特阿拉伯	0.000	0.592	0.999	0.530	58
也门	0.391	0.983	0.985	0.786	44
阿曼	0.519	0.543		0.531	57
阿拉伯联合酋长国	0.288	0.538		0.413	62
卡塔尔	0.344	0.000		0.172	64
科威特	0.109	0.363	1.000	0.491	60
巴林	0.229	0.594		0.412	63

国家	N1	N2	N3	分数	排名
埃及	0.387	0.944	0.998	0.776	46
南亚：					
印度	0.162	0.966	0.344	0.491	59
巴基斯坦	0.173	0.982	0.841	0.666	53
孟加拉国	0.126	0.995	0.310	0.477	61
斯里兰卡	0.807	0.987	0.675	0.823	39
马尔代夫		0.937	0.995	0.966	1
尼泊尔	0.175	1.000	0.894	0.690	49
不丹	0.568	0.986	0.998	0.851	30
中亚和蒙古国：					
蒙古国	1.000	0.846	0.615	0.820	40
哈萨克斯坦	0.871	0.643	0.967	0.827	38
乌兹别克斯坦	0.624	0.914	0.981	0.840	34
土库曼斯坦	0.272	0.726	1.000	0.666	52
吉尔吉斯斯坦	0.781	0.976	0.689	0.816	41
塔吉克斯坦	0.753	0.995	0.191	0.646	54
阿富汗	0.708	0.994	0.841	0.848	31
独联体：					
俄罗斯	0.871	0.715	0.980	0.856	27
乌克兰	0.852	0.861	0.960	0.891	19
白俄罗斯	0.885	0.851	0.997	0.911	7
格鲁吉亚	0.843	0.963	0.884	0.897	11
阿塞拜疆	0.728	0.920	0.834	0.827	37
亚美尼亚	0.794	0.966	0.928	0.896	13
摩尔多瓦	0.809	0.972	0.948	0.910	8
中东欧：					
波兰	0.811	0.814	0.995	0.873	24

国家	N1	N2	N3	分数	排名
立陶宛	0.882	0.900		0.891	20
爱沙尼亚	0.983	0.683		0.833	35
拉脱维亚	0.919	0.917		0.918	6
捷克	0.820	0.766	0.977	0.854	28
斯洛伐克	0.834	0.858	0.993	0.895	14
匈牙利	0.838	0.893	0.987	0.906	9
斯洛文尼亚	0.884	0.833		0.858	26
克罗地亚	0.878	0.894	1.000	0.924	4
波斯尼亚和黑塞哥维那	0.884	0.862	0.926	0.891	21
黑山	0.855	0.909	0.998	0.921	5
塞尔维亚	0.837	0.849	0.998	0.895	15
阿尔巴尼亚	0.834	0.967	0.207	0.669	51
罗马尼亚	0.815	0.908	0.987	0.903	10
保加利亚	0.834	0.851	0.999	0.894	16
希腊	0.846	0.831	0.999	0.892	17
塞浦路斯	0.822	0.850	1.000	0.891	22
北马其顿	0.811	0.901	0.954	0.889	23

5. 基础设施因素

在表 1-12 的第一行中，F1—F10 表示基础设施因素维度的 10 个指标。阿拉伯联合酋长国在这一维度上的总体得分最高，新加坡排在第 2 名，卡塔尔排在第 3 名，排在第 4 名和第 5 名的国家分别是俄罗斯和巴林。分数最低的 5个国家分别是缅甸、阿富汗、叙利亚、塔吉克斯坦和伊拉克。

表 1-12 基础设施因素评价结果(按分数排名)

国家	F1	F2	F3	F4	F5	F6	F7	F8	F9	F10	分数	排名
阿拉伯联合酋长国	0.317	0.988	0.000	0.807			0.927	0.761	0.601	0.967	0.772	1
新加坡	0.887	0.894		0.348			1.000	0.643	0.965	1.000	0.735	2

国家	F1	F2	F3	F4	F5	F6	F7	F8	F9	F10	分数	排名
卡塔尔	0.249	1.000	0.000	0.226			0.709	0.570	0.785	0.967	0.560	3
俄罗斯	0.091	0.765	0.000	0.764	1.000	0.148	0.473	0.625	0.365	1.000	0.501	4
巴林	0.191	0.995	0.282	0.054			0.818	0.733	0.407	0.967	0.459	5
科威特	0.214	0.857	0.005	0.036			0.509	1.000	0.578	0.967	0.459	6
塞浦路斯	0.654	0.752	0.000	0.007			0.636	0.277	0.723	1.000	0.436	7
马尔代夫	0.093	0.528	0.000				0.828	0.273	1.000		0.431	8
爱沙尼亚	1.000	0.919		0.006	0.002	0.000	0.782	0.658	0.409	1.000	0.420	9
斯洛文尼亚	0.699	0.777		0.009	0.002	0.001	0.691	0.371	0.801	1.000	0.372	10
阿曼	0.085	0.762	0.000	0.053			0.764	0.641	0.257	0.967	0.368	11
捷克	0.746	0.868		0.053	0.004	0.007	0.564	0.477	0.523	1.000	0.360	12
印度	0.006	0.178	0.002	0.876	0.290	1.000	0.527	0.148	0.018	0.691	0.350	13
黑山	0.060	0.659		0.005			0.473	0.672	0.173	1.000	0.340	14
以色列	0.274	0.776	0.001	0.068	0.000	0.002	0.455	0.426	1.000	1.000	0.339	15
马来西亚	0.095	0.732	0.018	0.503	0.001	0.003	0.745	0.588	0.158	1.000	0.329	16
沙特阿拉伯	0.049	0.689	0.003	0.338	0.001	0.000	0.691	0.770	0.307	0.967	0.329	17
斯洛伐克	0.346	0.871	0.000		0.003	0.005	0.436	0.399	0.557	1.000	0.327	18
匈牙利	0.324	0.828		0.174	0.000	0.006	0.473	0.406	0.403	1.000	0.327	19
文莱	0.162	0.746	0.026	0.011			0.618	0.359	0.371	0.654	0.325	20
土耳其	0.061	0.547	0.025	0.980	0.005	0.004	0.545	0.268	0.230	1.000	0.313	21
希腊	0.159	0.684	0.001	0.100	0.000	0.001	0.582	0.388	0.825	1.000	0.304	22
拉脱维亚	0.389	0.825		0.027	0.007	0.000	0.691	0.442	0.333	1.000	0.302	23
波兰	0.463	0.722		0.055	0.014	0.013	0.436	0.633	0.341	1.000	0.298	24
立陶宛	0.223	0.783		0.002	0.006	0.000	0.691	0.577	0.368	1.000	0.295	25
黎巴嫩	0.058	0.812	0.000	0.025			0.545	0.230	0.239	1.000	0.273	26
泰国	0.025	0.367	0.017	0.466	0.001	0.008	0.582	0.562	0.097	1.000	0.252	27
克罗地亚	0.236	0.744		0.018	0.001	0.001	0.545	0.325	0.374	1.000	0.249	28
北马其顿	0.082	0.738			0.000	0.000	0.455	0.353	0.115	1.000	0.249	29

国家	F1	F2	F3	F4	F5	F6	F7	F8	F9	F10	分数	排名
印度尼西亚	0.006	0.168	1.000	1.000	0.003	0.021	0.473	0.454	0.036	0.942	0.246	30
菲律宾	0.011	0.421	0.111	0.327			0.382	0.365	0.041	0.819	0.224	31
保加利亚	0.190	0.597		0.011	0.001	0.002	0.473	0.522	0.209	1.000	0.223	32
哈萨克斯坦	0.015	0.591		0.052	0.103	0.019	0.255	0.705	0.219	1.000	0.218	33
阿尔巴尼亚	0.025	0.649		0.001		0.000	0.400	0.331	0.087	1.000	0.213	34
越南	0.012	0.517	0.000	0.261	0.002	0.005	0.436	0.578	0.037	0.985	0.210	35
约旦	0.032	0.469	0.000	0.033	0.000	0.000	0.582	0.582	0.124	0.993	0.204	36
乌克兰	0.049	0.462		0.047	0.103	0.050	0.436	0.560	0.115	1.000	0.203	37
阿塞拜疆	0.014	0.659		0.018	0.003	0.001	0.582	0.364	0.163	1.000	0.201	38
格鲁吉亚	0.040	0.524	0.000	0.002	0.002	0.021	0.527	0.447	0.130	1.000	0.186	39
亚美尼亚	0.044	0.494			0.000	0.000	0.309	0.393	0.056	1.000	0.185	40
罗马尼亚	0.135	0.581		0.032	0.004	0.004	0.309	0.334	0.189	1.000	0.177	41
柬埔寨	0.003	0.077	0.000	0.011			0.491	0.625	0.024	0.000	0.176	42
斯里兰卡	0.012	0.265	0.006	0.050			0.527	0.318	0.034	0.835	0.176	43
伊朗	0.002	0.417	0.015	0.167	0.011	0.018	0.509	0.227	0.162	1.000	0.169	44
白俄罗斯	0.048	0.637	0.000	0.014	0.019	0.009		0.432	0.174	1.000	0.167	45
塞尔维亚	0.047	0.575		0.024	0.001	0.001	0.236	0.430	0.178	1.000	0.166	46
埃及	0.005	0.331	0.000	0.095	0.001	0.042	0.509	0.384	0.053	1.000	0.161	47
摩尔多瓦	0.052	0.498		0.007	0.000	0.000	0.236	0.346	0.096	1.000	0.137	48
波斯尼亚和黑塞哥维那	0.038	0.657		0.000	0.000	0.000	0.091	0.247	0.168	1.000	0.134	49
也门	0.000	0.229	0.007	0.017			0.291	0.113	0.023	0.251	0.112	50
不丹	0.015	0.361	0.000	0.003			0.164	0.193	0.029	0.645	0.109	51
蒙古国	0.030	0.279	0.002	0.007	0.005	0.001	0.236	0.329	0.089	0.851	0.109	52
巴基斯坦	0.002	0.131		0.059	0.001	0.021	0.582	0.141	0.009	0.907	0.107	53
吉尔吉斯斯坦	0.009	0.293	0.000	0.007	0.000	0.000	0.000	0.503	0.028	1.000	0.093	54
尼泊尔	0.003	0.149	0.000	0.005			0.255	0.195	0.010	0.656	0.088	55
乌兹别克斯坦	0.001	0.464		0.027	0.010	0.003		0.144	0.041	1.000	0.087	56

国家	F1	F2	F3	F4	F5	F6	F7	F8	F9	F10	分数	排名
土库曼斯坦	0.000	0.113	0.000	0.000	0.005	0.002		0.511	0.055	1.000	0.086	57
孟加拉国	0.001	0.084	0.000	0.033	0.007		0.400	0.157	0.007	0.414	0.078	58
老挝	0.002	0.136	0.018	0.014			0.236	0.104	0.007	0.565	0.071	59
伊拉克	0.000	0.103	0.017	0.005	0.000	0.000		0.269	0.113	1.000	0.061	60
塔吉克斯坦	0.001	0.172	0.000	0.003	0.000	0.000		0.270	0.022	1.000	0.059	61
叙利亚	0.000	0.291		0.005	0.001	0.002		0.127	0.011	0.946	0.055	62
阿富汗	0.001	0.048		0.022				0.150	0.016	0.173	0.040	63
缅甸	0.000	0.000	0.384	0.013			0.236	0.000	0.000	0.309	0.036	64

从每个二级指标的得分上看,除了缺少数据的国家之外,每百万人互联网服务器数量(F1)最多的国家是爱沙尼亚,最少的国家是土库曼斯坦、也门、叙利亚、伊拉克、缅甸;每百人互联网使用人数(F2)最多的国家是卡塔尔,最少的国家是缅甸;航空货运量(F3)最大的国家是印度尼西亚,最小的国家有很多,例如柬埔寨、越南、塔吉克斯坦等;航空客运量(F4)最大的国家是印度尼西亚,最小的是斯洛伐克、土库曼斯坦、波斯尼亚和墨塞哥维那;铁路货运量(F5)最大的国家是俄罗斯,最小的国家有很多,例如以色列、约旦、伊拉克等;铁路客运量(F6)最大的国家是印度,最小的国家有很多,例如沙特阿拉伯、吉尔吉斯斯坦、塔吉克斯坦等;港口质量(F7)最高的国家是新加坡,最低的国家是吉尔吉斯斯坦;每百人移动电话服务拥有量(F8)最高的国家是科威特,最低的国家是缅甸;人均公共卫生支出(F9)最高的国家是以色列,最低的国家仍然是缅甸。一半以上的国家的通电率(F10)达到100%。

从每个区域的情况上看,东盟国家的基础设施因素分数最高的国家是新加坡,它在所有国家中位列第2名。该区域中仅次于新加坡的马来西亚在所有国家中排第16名。而分数最差的国家缅甸在所有国家中的分数也最低。这一区域中倒数第2的老挝排在第59名。该区域的其他国家大多居于第20至40名之间。西亚各国的基础设施水平的差别较大,这一区域既包含排名第1的阿拉伯联合酋长国和第3名的卡塔尔,也包含倒数第3名的叙利亚和倒数第5名的伊拉克,其他国家排在第10至50名之间。南亚国家的整体水平较低,除了马尔代夫排第 8 名和印度排第 13 名以外,其他国家都排在第 40 名之后,其中分数最低的孟加拉国排在第 58 名。中亚国家和蒙古国的整体水平则更低,不仅没有一个国家进入前 10 名,而且除了排在第 33 名的哈萨克斯坦之外,其他国家都排在第 50 名之后,分数最低的阿富汗在所有国家中居于倒数第 2 名。独联体国家除了俄罗斯的基础设施整体水平较为突出(位居第 4 名),其他国家的情况也不够理想,多数排在第 35 至 50 名之间。中东欧国家的基础设施水平与其他几个地区相比,整体较高,其中,塞浦路斯、爱沙尼亚和斯洛文尼亚进入了前 10 名,它们分别位列第 7 名、第 9 名和第 10 名。此外,多数国家位于前 50%,只有波斯尼亚和黑塞哥维那(第 49 名)、塞尔维亚(第 46 名)、罗马尼亚(第 41 名)和阿尔巴尼亚(第 34 名)排在后 50%(见表 1-13)。

表 1-13　基础设施因素评价结果(按区域归纳)

国家	F1	F2	F3	F4	F5	F6	F7	F8	F9	F10	分数	排名
东盟:												
新加坡	0.887	0.894		0.348			1.000	0.643	0.965	1.000	0.735	2
马来西亚	0.095	0.732	0.018	0.503	0.001	0.003	0.745	0.588	0.158	1.000	0.329	16
印度尼西亚	0.006	0.168	1.000	1.000	0.003	0.021	0.473	0.454	0.036	0.942	0.246	30
缅甸	0.000	0.000	0.384	0.013			0.236	0.000	0.000	0.309	0.036	64
泰国	0.025	0.367	0.017	0.466	0.001	0.008	0.582	0.562	0.097	1.000	0.252	27
老挝	0.002	0.136	0.018	0.014			0.236	0.104	0.007	0.565	0.071	59
柬埔寨	0.003	0.077	0.000	0.011			0.491	0.625	0.024	0.000	0.176	42
越南	0.012	0.517	0.000	0.261	0.002	0.005	0.436	0.578	0.037	0.985	0.210	35
文莱	0.162	0.746	0.026	0.011			0.618	0.359	0.371	0.654	0.325	20
菲律宾	0.011	0.421	0.111	0.327			0.382	0.365	0.041	0.819	0.224	31
西亚:												
伊朗	0.002	0.417	0.015	0.167	0.011	0.018	0.509	0.227	0.162	1.000	0.169	44
伊拉克	0.000	0.103	0.017	0.005	0.000	0.000		0.269	0.113	1.000	0.061	60
土耳其	0.061	0.547	0.025	0.980	0.005	0.004	0.545	0.268	0.230	1.000	0.313	21
叙利亚	0.000	0.291		0.005	0.001	0.002		0.127	0.011	0.946	0.055	62
约旦	0.032	0.469	0.033	0.000	0.000		0.582	0.582	0.124	0.993	0.204	36
黎巴嫩	0.058	0.812	0.000	0.025			0.545	0.230	0.239	1.000	0.273	26

国家	F1	F2	F3	F4	F5	F6	F7	F8	F9	F10	分数	排名
以色列	0.274	0.776	0.001	0.068	0.000	0.002	0.455	0.426	1.000	1.000	0.339	15
沙特阿拉伯	0.049	0.689	0.003	0.338	0.001	0.000	0.691	0.770	0.307	0.967	0.329	17
也门	0.000	0.229	0.007	0.017			0.291	0.113	0.023	0.251	0.112	50
阿曼	0.085	0.762	0.000	0.053			0.764	0.641	0.257	0.967	0.368	11
阿拉伯联合酋长国	0.317	0.988	0.000	0.807			0.927	0.761	0.601	0.967	0.772	1
卡塔尔	0.249	1.000	0.000	0.226			0.709	0.570	0.785	0.967	0.560	3
科威特	0.214	0.857	0.005	0.036			0.509	1.000	0.578	0.967	0.459	6
巴林	0.191	0.995	0.282	0.054			0.818	0.733	0.407	0.967	0.459	5
埃及	0.005	0.331	0.000	0.095	0.001	0.042	0.509	0.384	0.053	1.000	0.161	47
南亚：												
印度	0.006	0.178	0.002	0.876	0.290	1.000	0.527	0.148	0.018	0.691	0.350	13
巴基斯坦	0.002	0.131		0.059	0.001	0.021	0.582	0.141	0.009	0.907	0.107	53
孟加拉国	0.001	0.084	0.000	0.033	0.000	0.007	0.400	0.157	0.007	0.414	0.078	58
斯里兰卡	0.012	0.265	0.006	0.050			0.527	0.318	0.034	0.835	0.176	43
马尔代夫	0.093	0.528	0.000				0.828	0.273	1.000		0.431	8
尼泊尔	0.003	0.149	0.000	0.005			0.255	0.195	0.010	0.656	0.088	55
不丹	0.015	0.361	0.000	0.003			0.164	0.193	0.029	0.645	0.109	51
中亚和蒙古国：												
蒙古国	0.030	0.279	0.002	0.007	0.005	0.001	0.236	0.329	0.089	0.851	0.109	52
哈萨克斯坦	0.015	0.591		0.052	0.103	0.019	0.255	0.705	0.219	1.000	0.218	33
乌兹别克斯坦	0.001	0.464		0.027	0.010	0.003		0.144	0.041	1.000	0.087	56
土库曼斯坦	0.000	0.113	0.000	0.000	0.005	0.002		0.511	0.055	1.000	0.086	57
吉尔吉斯斯坦	0.009	0.293	0.000	0.007	0.000	0.000	0.503	0.028	0.010	1.000	0.093	54
塔吉克斯坦	0.001	0.172	0.000	0.003	0.000	0.000	0.270	0.022	0.010	1.000	0.059	61
阿富汗	0.001	0.048		0.022			0.150	0.016	0.173		0.040	63
独联体：												
俄罗斯	0.091	0.765	0.000	0.764	1.000	0.148	0.473	0.625	0.365	1.000	0.501	4
乌克兰	0.049	0.462		0.047	0.103	0.050	0.436	0.560	0.115	1.000	0.203	37
白俄罗斯	0.048	0.637	0.000	0.014	0.019	0.009		0.432	0.174	1.000	0.167	45

续表

国家	F1	F2	F3	F4	F5	F6	F7	F8	F9	F10	分数	排名
格鲁吉亚	0.040	0.524	0.000	0.002	0.002	0.001	0.527	0.447	0.130	1.000	0.186	39
阿塞拜疆	0.014	0.659		0.018	0.003	0.001	0.582	0.364	0.163	1.000	0.201	38
亚美尼亚	0.044	0.494			0.000	0.000	0.309	0.393	0.056	1.000	0.185	40
摩尔多瓦	0.052	0.498		0.007	0.000	0.000	0.236	0.346	0.096	1.000	0.137	48
中东欧：												
波兰	0.463	0.722		0.055	0.014	0.013	0.436	0.633	0.341	1.000	0.298	24
立陶宛	0.223	0.783		0.002	0.006	0.000	0.691	0.577	0.368	1.000	0.295	25
爱沙尼亚	1.000	0.919		0.006	0.002	0.000	0.782	0.658	0.409	1.000	0.420	9
拉脱维亚	0.389	0.825		0.027	0.007	0.000	0.691	0.442	0.333	1.000	0.302	23
捷克	0.746	0.868		0.053	0.004	0.007	0.564	0.477	0.523	1.000	0.360	12
斯洛伐克	0.346	0.871		0.000	0.003	0.005	0.436	0.399	0.557	1.000	0.327	18
匈牙利	0.324	0.828		0.174	0.000	0.006	0.473	0.406	0.403	1.000	0.327	19
斯洛文尼亚	0.699	0.777		0.009	0.002	0.001	0.691	0.371	0.801	1.000	0.372	10
克罗地亚	0.236	0.744		0.018	0.001	0.001	0.545	0.325	0.374	1.000	0.249	28
波斯尼亚和黑塞哥维那	0.038	0.657		0.000	0.000	0.000	0.091	0.247	0.168	1.000	0.134	49
黑山	0.060	0.659		0.005			0.473	0.672	0.173	1.000	0.340	14
塞尔维亚	0.047	0.575		0.024	0.001	0.001	0.236	0.430	0.178	1.000	0.166	46
阿尔巴尼亚	0.025	0.649		0.001			0.400	0.331	0.087	1.000	0.213	34
罗马尼亚	0.135	0.581		0.032	0.004	0.004	0.309	0.334	0.189	1.000	0.177	41
保加利亚	0.190	0.597		0.011	0.001	0.002	0.473	0.522	0.209	1.000	0.223	32
希腊	0.159	0.684	0.001	0.100	0.000	0.001	0.582	0.388	0.825	1.000	0.304	22
塞浦路斯	0.654	0.752	0.000	0.007			0.636	0.277	0.723	1.000	0.436	7
北马其顿	0.082	0.738			0.000	0.000	0.455	0.353	0.115	1.000	0.249	29

6. 法律因素

在表 1-14 的第一行中，L1—L5 表示法律因素维度的 5 个二级指标。新加坡在这一维度上的分数最高，并且除了法律权益强度指数外，其他指标都得到了最高分。总分排名第 2 名的是马来西亚，接着是格鲁吉亚，第 4 和第 5 名分别是以色列和罗马尼亚。而法律因素分数最差的 5 个国家分别是缅甸、伊拉克、塔吉克斯坦、马尔代夫和叙利亚。需要说明的是,土库曼斯坦在这个维度中没有任何一个指标的数据,因此实际上这一维度的评价体系只包含了 63 个国家。

从每个指标的分数上看,除了缺少数据的国家之外,波斯尼亚和黑塞哥维那的进口关税占总税收收入比重(L1)与新加坡旗鼓相当,而巴林的这一比重在所有国家中最低;最惠国待遇进口农产品在进口农产品总量中的比重(L2)仅次于新加坡的国家是文莱,而最低的国家是阿富汗和伊朗;最惠国待遇进口非农产品在进口非农产品总量中的比重(L3)仅次于新加坡的国家是格鲁吉亚,而最低的国家是叙利亚和伊朗;商业活动自由指数(L4)仅次于新加坡的国家是北马其顿,而最不自由的国家是阿富汗;法律权益强度指数最高(L5)的国家是黑山,而最低的国家是卡塔尔、阿曼、巴林、叙利亚、塔吉克斯坦和伊拉克。

表 1-14　法律因素评价结果(按分数排名)

国家	L1	L2	L3	L4	L5	分数	排名
新加坡	1.000	1.000	1.000	1.000	0.636	0.927	1
马来西亚	0.981	0.689	0.766	0.903	0.545	0.777	2
格鲁吉亚	0.983	0.388	0.899	0.869	0.727	0.773	3
以色列	0.987	0.612	0.777	0.705	0.455	0.707	4
罗马尼亚		0.469	0.607	0.795	0.818	0.673	5
拉脱维亚		0.469	0.607	0.881	0.727	0.671	6
匈牙利		0.469	0.607	0.767	0.818	0.665	7
保加利亚		0.469	0.607	0.790	0.727	0.648	8
亚美尼亚	0.935	0.320	0.794	0.807	0.364	0.644	9
乌兹别克斯坦	0.957			0.511	0.455	0.641	10
爱沙尼亚		0.469	0.607	0.915	0.545	0.634	11
摩尔多瓦	0.925	0.183	0.706	0.710	0.636	0.632	12
波兰		0.469	0.607	0.864	0.545	0.621	13
乌克兰	0.954	0.332	0.647	0.534	0.636	0.621	14

国家	L1	L2	L3	L4	L5	分数	排名
文莱		0.998	0.667	0.528	0.273	0.617	15
不丹	0.973			0.602	0.273	0.616	16
斯洛伐克		0.469	0.607	0.841	0.545	0.616	17
吉尔吉斯斯坦	0.787	0.408	0.578	0.625	0.636	0.607	18
立陶宛		0.469	0.607	0.892	0.455	0.606	19
捷克		0.469	0.607	0.801	0.545	0.606	19
约旦	0.896	0.661	0.456	0.364		0.594	21
塞浦路斯		0.469	0.607	0.739	0.545	0.590	22
北马其顿	0.902	0.190	0.415	0.938	0.455	0.580	23
黑山		0.092	0.462	0.744	1.000	0.574	24
克罗地亚		0.469	0.607	0.778	0.364	0.555	25
阿尔巴尼亚	0.962	0.131	0.572	0.455	0.545	0.533	26
老挝	0.881			0.244	0.455	0.527	27
斯洛文尼亚		0.469	0.607	0.841	0.182	0.525	28
印度尼西亚	0.967	0.418	0.485	0.386	0.364	0.524	29
越南		0.453	0.565	0.494	0.545	0.514	30
阿拉伯联合酋长国	0.959	0.457	0.218	0.830	0.091	0.511	31
俄罗斯	0.929	0.159	0.287	0.716	0.455	0.509	32
波斯尼亚和黑塞哥维那	1.000	0.170	0.255	0.557	0.545	0.505	33
土耳其	0.977	0.273	0.399	0.693	0.182	0.505	34
柬埔寨	0.784	0.204	0.302	0.284	0.909	0.497	35
泰国	0.938	0.145	0.471	0.727	0.182	0.493	36
哈萨克斯坦	0.913	0.122	0.325	0.773	0.273	0.481	37
希腊		0.469	0.607	0.665	0.182	0.481	38
白俄罗斯	0.884	0.148	0.449	0.756	0.091	0.466	39
尼泊尔				0.443	0.455	0.449	40
埃及	0.911	0.627	0.297	0.261	0.091	0.438	41
阿塞拜疆	0.956	0.416	0.062	0.648	0.091	0.435	42
黎巴嫩	0.902	0.424	0.401	0.307	0.091	0.425	43

国家	L1	L2	L3	L4	L5	分数	排名
斯里兰卡	0.781	0.158	0.601	0.398	0.182	0.424	44
卡塔尔	0.936	0.378	0.136	0.619	0.000	0.414	45
印度	0.800	0.071	0.421	0.267	0.455	0.403	46
塞尔维亚	0.940	0.002	0.009	0.670	0.364	0.397	47
蒙古国	0.862	0.001	0.013	0.688	0.364	0.385	48
菲律宾	0.742	0.022	0.468	0.420	0.182	0.367	49
阿曼	0.636	0.354	0.081	0.608	0.000	0.336	50
沙特阿拉伯		0.500	0.191	0.540	0.091	0.330	51
也门	0.814	0.386	0.015	0.040		0.314	52
孟加拉国	0.646	0.283	0.166	0.017	0.455	0.313	53
巴基斯坦		0.355	0.415	0.222	0.182	0.293	54
阿富汗	0.547	0.000	0.018	0.000	0.727	0.259	55
科威特	0.132	0.412	0.180	0.432	0.091	0.249	56
伊朗	0.764	0.000	0.000	0.335	0.091	0.238	57
巴林	0.000	0.338	0.158	0.636	0.000	0.226	58
叙利亚	0.872		0.000	0.011		0.221	59
马尔代夫	0.244	0.122	0.001	0.278	0.091	0.147	60
塔吉克斯坦				0.256	0.000	0.128	61
伊拉克				0.091	0.000	0.045	62
缅甸		0.001	0.011	0.057	0.091	0.040	63
土库曼斯坦							

从表1-15可以看出,东盟国家的整体法律环境较为一般,进入前10名的只有新加坡(第1名)和马来西亚(第2名),排在第10至20位之间的只有文莱(第15名),并且有两个国家在40名之后(第49名的菲律宾和排在最后的缅甸),居于中等水平的国家有印度尼西亚(第29名)、老挝(第27名)、越南(第30名)、柬埔寨(第35名)和泰国(第36名)。西亚国家的法律环境整体较差,只有以色列一个国家进入了前10名,它在所有国家中位居第4名,其他国

家除了土耳其（第 34 名）、约旦（第 21 名）和阿拉伯联合酋长国（第 31 名）以外，均排在 40 名之后，其中分数最低的伊拉克排在第 62 名。南亚地区与西亚地区相似，但是该地区没有一个国家进入前 10 名，分数最高的不丹仅排在第 16 名，而分数最低的马尔代夫排在第 60 名。中亚国家和蒙古国的法律环境也不够理想，除了乌兹别克斯坦排在第 10 名和吉尔吉斯斯坦排在第 18 名之外，其他国家都在第 35 名之后，分数最低的塔吉克斯坦排在第 61 名。独联体国家的情况比东盟国家好一些，有两个国家进入了前 10 名（第 3 名的格鲁吉亚和第 9 名的亚美尼亚），只有阿塞拜疆排在第 40 名之后，在第 10 名至 20 名之间的还有摩尔多瓦（第 12 名）和乌克兰（第 14 名）。中东欧国家的法律环境整体较好，4 个国家进入了前 10 名，它们分别是罗马尼亚（第 5 名）、拉脱维亚（第 6 名）、匈牙利（第 7 名）和保加利亚（第 8 名），只有一个国家排在第 40 名之后（塞尔维亚位列第 47 名），其他国家大多分布在第 10 名至 30 名之间。

表 1-15　法律因素评价结果（按区域归纳）

国家	L1	L2	L3	L4	L5	分数	排名
东盟：							
新加坡	1.000	1.000	1.000	1.000	0.636	0.927	1
马来西亚	0.981	0.689	0.766	0.903	0.545	0.777	2
印度尼西亚	0.967	0.418	0.485	0.386	0.364	0.524	29
缅甸		0.001	0.011	0.057	0.091	0.040	63
泰国	0.938	0.145	0.471	0.727	0.182	0.493	36
老挝	0.881			0.244	0.455	0.527	27
柬埔寨	0.784	0.204	0.302	0.284	0.909	0.497	35
越南		0.453	0.565	0.494	0.545	0.514	30
文莱		0.998	0.667	0.528	0.273	0.617	15
菲律宾	0.742	0.022	0.468	0.420	0.182	0.367	49
西亚：							
伊朗	0.764	0.000	0.000	0.335	0.091	0.238	57
伊拉克				0.091	0.000	0.045	62
土耳其	0.977	0.273	0.399	0.693	0.182	0.505	34

国家	L1	L2	L3	L4	L5	分数	排名
叙利亚	0.872		0.000	0.011	0.000	0.221	59
约旦	0.896	0.661	0.456	0.364		0.594	21
黎巴嫩	0.902	0.424	0.401	0.307	0.091	0.425	43
以色列	0.987	0.612	0.777	0.705	0.455	0.707	4
沙特阿拉伯		0.500	0.191	0.540	0.091	0.330	51
也门	0.814	0.386	0.015	0.040		0.314	52
阿曼	0.636	0.354	0.081	0.608	0.000	0.336	50
阿拉伯联合酋长国	0.959	0.457	0.218	0.830	0.091	0.511	31
卡塔尔	0.936	0.378	0.136	0.619	0.000	0.414	45
科威特	0.132	0.412	0.180	0.432	0.091	0.249	56
巴林	0.000	0.338	0.158	0.636	0.000	0.226	58
埃及	0.911	0.627	0.297	0.261	0.091	0.438	41
南亚：							
印度	0.800	0.071	0.421	0.267	0.455	0.403	46
巴基斯坦		0.355	0.415	0.222	0.182	0.293	54
孟加拉国	0.646	0.283	0.166	0.017	0.455	0.313	53
斯里兰卡	0.781	0.158	0.601	0.398	0.182	0.424	44
马尔代夫	0.244	0.122	0.001	0.278	0.091	0.147	60
尼泊尔				0.443	0.455	0.449	40
不丹	0.973			0.602	0.273	0.616	16
中亚和蒙古国：							
蒙古国	0.862	0.001	0.013	0.688	0.364	0.385	48
哈萨克斯坦	0.913	0.122	0.325	0.773	0.273	0.481	37
乌兹别克斯坦	0.957			0.511	0.455	0.641	10
土库曼斯坦							
吉尔吉斯斯坦	0.787	0.408	0.578	0.625	0.636	0.607	18
塔吉克斯坦				0.256	0.000	0.128	61

国家	L1	L2	L3	L4	L5	分数	排名
阿富汗	0.547	0.000	0.018	0.000	0.727	0.259	55
独联体：							
俄罗斯	0.929	0.159	0.287	0.716	0.455	0.509	32
乌克兰	0.954	0.332	0.647	0.534	0.636	0.621	14
白俄罗斯	0.884	0.148	0.449	0.756	0.091	0.466	39
格鲁吉亚	0.983	0.388	0.899	0.869	0.727	0.773	3
阿塞拜疆	0.956	0.416	0.062	0.648	0.091	0.435	42
亚美尼亚	0.935	0.320	0.794	0.807	0.364	0.644	9
摩尔多瓦	0.925	0.183	0.706	0.710	0.636	0.632	12
中东欧：							
波兰		0.469	0.607	0.864	0.545	0.621	13
立陶宛		0.469	0.607	0.892	0.455	0.606	19
爱沙尼亚		0.469	0.607	0.915	0.545	0.634	11
拉脱维亚		0.469	0.607	0.881	0.727	0.671	6
捷克		0.469	0.607	0.801	0.545	0.606	19
斯洛伐克		0.469	0.607	0.841	0.545	0.616	17
匈牙利		0.469	0.607	0.767	0.818	0.665	7
斯洛文尼亚		0.469	0.607	0.841	0.182	0.525	28
克罗地亚		0.469	0.607	0.778	0.364	0.555	25
波斯尼亚和黑塞哥维那	1.000	0.170	0.255	0.557	0.545	0.505	33
黑山		0.092	0.462	0.744	1.000	0.574	24
塞尔维亚	0.940	0.002	0.009	0.670	0.364	0.397	47
阿尔巴尼亚	0.962	0.131	0.572	0.455	0.545	0.533	26
罗马尼亚		0.469	0.607	0.795	0.818	0.673	5
保加利亚		0.469	0.607	0.790	0.727	0.648	8
希腊		0.469	0.607	0.665	0.182	0.481	38
塞浦路斯		0.469	0.607	0.739	0.545	0.590	22
北马其顿	0.902	0.190	0.415	0.938	0.455	0.580	23

7. 社会文化因素

在表 1-16 的第一行中,C1—C4 表示社会文化因素维度的 4 个二级指标。其中,以色列的总分最高,并在研究与发展经费在 GDP 中的比重和人均受教育年数这两个指标上取得了最高的分数。位居第 2 名的国家是新加坡,格鲁吉亚、斯洛文尼亚和阿尔巴尼亚分别排在第 3 名、第 4 名和第 5 名。倒数 5 位的国家分别是也门、阿富汗、巴基斯坦、伊拉克和孟加拉国。

表 1-16 社会文化因素评价结果(按分数排名)

国家	C1	C2	C3	C4	分数	排名
以色列	0.525	1.000	1.000	0.976	0.800	1
新加坡	0.197	0.520	0.771	1.000	0.698	2
格鲁吉亚			0.958	0.625	0.694	3
斯洛文尼亚	0.526	0.588	0.936	0.872	0.684	4
阿尔巴尼亚			0.679	0.769	0.649	5
爱沙尼亚	0.521	0.568	0.947	0.631	0.634	6
塞浦路斯	0.754	0.104	0.910	0.884	0.630	7
波斯尼亚和黑塞哥维那			0.588	0.722	0.603	8
捷克	0.326	0.375	0.978	0.783	0.593	9
希腊		0.156	0.767	0.927	0.588	10
波兰	0.463	0.176	0.930	0.723	0.559	11
匈牙利	0.426	0.287	0.880	0.640	0.546	12
立陶宛	0.498	0.214	0.984	0.522	0.544	13
摩尔多瓦	1.000	0.091	0.729	0.372	0.538	14
越南	0.622	0.038	0.311	0.702	0.535	15
乌兹别克斯坦			0.747	0.341	0.529	16
克罗地亚	0.350	0.176	0.852	0.753	0.526	17
马来西亚	0.466	0.253	0.706	0.658	0.517	18
斯洛伐克	0.335	0.156	0.904	0.676	0.514	19
黑山		0.092	0.804	0.649	0.511	20
拉脱维亚	0.454	0.164	0.896	0.524	0.508	21

国家	C1	C2	C3	C4	分数	排名
俄罗斯		0.260	0.921	0.329	0.502	22
菲律宾			0.642	0.363	0.502	23
泰国	0.284	0.087	0.490	0.629	0.498	24
白俄罗斯	0.505	0.164	0.900	0.420	0.498	25
柬埔寨	0.130		0.339	0.513	0.495	26
卡塔尔			0.661	0.815	0.492	27
土库曼斯坦			0.740	0.211	0.483	28
塞尔维亚	0.395	0.170	0.706	0.613	0.477	29
乌克兰		0.173	0.877	0.355	0.476	30
土耳其		0.203	0.513	0.670	0.471	31
保加利亚	0.319	0.126	0.807	0.590	0.468	32
罗马尼亚	0.253	0.115	0.819	0.603	0.458	33
缅甸			0.161	0.198	0.453	34
约旦			0.743	0.604	0.449	35
亚美尼亚	0.216	0.058	0.829	0.637	0.448	36
北马其顿		0.046	0.573	0.667	0.447	37
沙特阿拉伯			0.624	0.680	0.435	38
老挝	0.153		0.222	0.344	0.430	39
吉尔吉斯斯坦	0.560	0.030	0.680	0.308	0.416	40
印度尼西亚	0.182		0.508	0.463	0.413	41
阿塞拜疆	0.154	0.043	0.865	0.459	0.404	42
哈萨克斯坦		0.030	0.787	0.261	0.395	43
蒙古国	0.502	0.048	0.586	0.307	0.389	44
马尔代夫			0.346	0.794	0.380	45
阿拉伯联合酋长国		0.112	0.662	0.744	0.380	46
伊朗	0.351		0.540	0.613	0.376	47
文莱	0.055		0.623	0.823	0.375	48

国家	C1	C2	C3	C4	分数	排名
斯里兰卡	0.045		0.830	0.624	0.375	49
塔吉克斯坦	0.317	0.021	0.737	0.295	0.374	50
黎巴嫩	0.000		0.548	0.892	0.360	51
巴林		0.001	0.695	0.733	0.357	52
叙利亚			0.419	0.637	0.352	53
尼泊尔	0.412		0.091	0.349	0.338	54
阿曼		0.025	0.436	0.730	0.298	55
不丹	0.320		0.000	0.344	0.291	56
科威特		0.016	0.479	0.624	0.280	57
印度	0.226	0.194	0.208	0.256	0.277	58
埃及		0.122	0.397	0.478	0.249	59
孟加拉国			0.270	0.454	0.242	60
伊拉克		0.000	0.320	0.396	0.179	61
巴基斯坦	0.088	0.072	0.237	0.263	0.132	62
阿富汗	0.385		0.088	0.000	0.118	63
也门			0.020	0.101	0.040	64

从每个指标的得分上看,在所有有数据的国家中,摩尔多瓦的公共教育支出在 GDP 中的比重(C1)最高,黎巴嫩的比重最低;斯洛文尼亚的研究与发展(R&D)经费占 GDP 的比重(C2)仅次于以色列,而这一指标最低的国家是伊拉克;人均受教育年数(C3)仅次于以色列的国家是立陶宛,而最短的国家是不丹;人均期望寿命(C4)最高的国家是新加坡,最低的国家是阿富汗。

从表 1-17 可以看出,东盟国家的文化环境一般,只有位居第 2 名的新加坡较为突出,位于第 10 至 20 名的只有越南(第 15 名)和马来西亚(第 18 名),其他国家除了印度尼西亚排在第 41 名、文莱排在第 48 名之外,都在第 20 至 40 名之间。西亚地区的社会文化环境整体一般,除了以色列在所有国家中位列第 1 名之外,其他国家都在 25 名之后,并且有 8 个国家在 50 名之后,其中也门的分数是最低的。南亚的社会文化环境较差,所有国家都排在 40 名之后,得分最低的巴基斯坦排在倒数第 3 名。中亚国家和蒙古国的社会文化环境整体略好于南亚国家,但是没有一个国家进入前 10 名。在该地区中得分最高的国家是乌兹别克斯坦,它在所有国家中排在第 16 名,分数最低的阿富汗则排在倒数第 2 名。独联体国家的社会文化水平整体一般,国家之间差别较大。得分最高的格鲁吉亚位列第 3 名,除了阿塞拜疆排在第 42 名以外,其他国家均在 10 至 40 名之间。中东欧国家的文化环境整体较好,有 7 个国家进入了前 10 名,它们分别是斯洛文尼亚(第 4 名)、阿尔巴尼亚(第 5 名)、爱沙尼亚(第 6 名)、塞浦路斯(第 7 名)、波斯尼亚和黑塞哥维那(第 8 名)、捷克(第 9 名)和希腊(第 10 名)。在该区域中,得分最低的国家是北马其顿,但是它也在 40 名之前(第 37 名)。

表 1-17　社会文化因素评价结果(按区域归纳)

国家	C1	C2	C3	C4	分数	排名
东盟:						
新加坡	0.197	0.520	0.771	1.000	0.698	2
马来西亚	0.466	0.253	0.706	0.658	0.517	18
印度尼西亚	0.182		0.508	0.463	0.413	41
缅甸			0.161	0.198	0.453	34
泰国	0.284	0.087	0.490	0.629	0.498	24
老挝	0.153		0.222	0.344	0.430	39
柬埔寨	0.130		0.339	0.513	0.495	26
越南	0.622	0.038	0.311	0.702	0.535	15
文莱	0.055		0.623	0.823	0.375	48
菲律宾			0.642	0.363	0.502	23
西亚:						
伊朗	0.351		0.540	0.613	0.376	47
伊拉克		0.000	0.320	0.396	0.179	61
土耳其		0.203	0.513	0.670	0.471	31
叙利亚			0.419	0.637	0.352	53
约旦			0.743	0.604	0.449	35

国家	C1	C2	C3	C4	分数	排名
黎巴嫩	0.000		0.548	0.892	0.360	51
以色列	0.525	1.000	1.000	0.976	0.800	1
沙特阿拉伯			0.624	0.680	0.435	38
也门			0.020	0.101	0.040	64
阿曼		0.025	0.436	0.730	0.298	55
阿拉伯联合酋长国		0.112	0.662	0.744	0.380	46
卡塔尔			0.661	0.815	0.492	27
科威特		0.016	0.479	0.624	0.280	57
巴林		0.001	0.695	0.733	0.357	52
埃及		0.122	0.397	0.478	0.249	59
南亚：						
印度	0.226	0.194	0.208	0.256	0.277	58
巴基斯坦	0.088	0.072	0.237	0.263	0.132	62
孟加拉国			0.270	0.454	0.242	60
斯里兰卡	0.045		0.830	0.624	0.375	49
马尔代夫			0.346	0.794	0.380	45
尼泊尔	0.412		0.091	0.349	0.338	54
不丹	0.320		0.000	0.344	0.291	56
中亚和蒙古国：						
蒙古国	0.502	0.048	0.586	0.307	0.389	44
哈萨克斯坦		0.030	0.787	0.261	0.395	43
乌兹别克斯坦			0.747	0.341	0.529	16
土库曼斯坦			0.740	0.211	0.483	28
吉尔吉斯斯坦	0.560	0.030	0.680	0.308	0.416	40
塔吉克斯坦	0.317	0.021	0.737	0.295	0.374	50
阿富汗	0.385		0.088	0.000	0.118	63

续表

国家	C1	C2	C3	C4	分数	排名
独联体:						
俄罗斯		0.260	0.921	0.329	0.502	22
乌克兰		0.173	0.877	0.355	0.476	30
白俄罗斯	0.505	0.164	0.900	0.420	0.498	25
格鲁吉亚			0.958	0.625	0.694	3
阿塞拜疆	0.154	0.043	0.865	0.459	0.404	42
亚美尼亚	0.216	0.058	0.829	0.637	0.448	36
摩尔多瓦	1.000	0.091	0.729	0.372	0.538	14
中东欧:						
波兰	0.463	0.176	0.930	0.723	0.559	11
立陶宛	0.498	0.214	0.984	0.522	0.544	13
爱沙尼亚	0.521	0.568	0.947	0.631	0.634	6
拉脱维亚	0.454	0.164	0.896	0.524	0.508	21
捷克	0.326	0.375	0.978	0.783	0.593	9
斯洛伐克	0.335	0.156	0.904	0.676	0.514	19
匈牙利	0.426	0.287	0.880	0.640	0.546	12
斯洛文尼亚	0.526	0.588	0.936	0.872	0.684	4
克罗地亚	0.350	0.176	0.852	0.753	0.526	17
波斯尼亚和黑塞哥维那			0.588	0.722	0.603	8
黑山		0.092	0.804	0.649	0.511	20
塞尔维亚	0.395	0.170	0.706	0.613	0.477	29
阿尔巴尼亚			0.679	0.769	0.649	5
罗马尼亚	0.253	0.115	0.819	0.603	0.458	33
保加利亚	0.319	0.126	0.807	0.590	0.468	32
希腊		0.156	0.767	0.927	0.588	10
塞浦路斯	0.754	0.104	0.910	0.884	0.630	7
北马其顿		0.046	0.573	0.667	0.447	37

（二）综合评价

首先，经过计算得到主成分矩阵，如表 1-18 所示。本研究包含的 7 个一级指标提取为 3 个主成分（每个主成分包含的一级指标用灰底色标出），在表 1-18 的第一行中用 F1、F2 和 F3 表示。其中，主成分 F1 包含 3 个一级指标（经济因素、基础设施因素、法律因素），主成分 F2 包含 2 个一级指标（政治因素和社会文化因素），主成分 F3 包含 2 个一级指标（生态环境和自然资源）。由此，我们可以根据计算结果和每个一级指标的含义，将原来的 7 个维度概括为 3 个相互独立的维度：主成分一为经济发展维度（它的解释比重为 43.8%），主成分二为政治文化维度（它的解释比重为 20.1%），主成分三为资源生态维度（它的解释比重为 16.0%）。

表 1-18　主成分矩阵

一级指标	F1	F2	F3
Ex	0.869	0.012	−0.371
Px	−0.295	0.848	0.112
Rx	0.103	−0.125	0.747
Nx	0.258	0.010	0.884
Fx	0.953	−0.612	−0.133
Lx	0.779	0.293	0.230
Cx	0.243	0.802	−0.009

接着，经过计算得到的主成分系数矩阵如表 1-19 所示。综合系数用 F 表示，它是各主成分的系数与每个主成分比重（表 1-19 中的最后一行）占总提取主成分比重的比值的乘积。接着，根据主成分分析公式，我们用每个一级指标的主成分系数值乘以每个国家的各个一级指标得分，就可以得到每个国家在这个成分上的分数，同理可计算得到综合分数。

表 1-19 主成分系数矩阵

一级指标	F1	F2	F3	F
Ex	0.246	0.008	−0.332	0.071
Px	0.277	−0.210	0.100	0.119
Rx	0.034	−0.089	0.847	0.166
Nx	0.084	0.630	0.009	0.206
Fx	0.213	−0.436	−0.119	−0.016
Lx	0.254	0.209	0.205	0.233
Cx	0.266	0.173	−0.008	0.188

各主成分比重：$\lambda_1 = 0.438$；$\lambda_2 = 0.201$；$\lambda_3 = 0.160$

按分数排名的综合评价结果如表 1-20 所示，M1、M2、M3 表示主成分分析提取的主成分一（经济发展）、主成分二（政治文化）和主成分三（资源生态），Std. M1、Std. M2、Std. M3 表示标准化之后的三个主成分得分，Com_S 表示综合得分，Com_R 表示综合得分排名。

表 1-20 综合评价结果（按分数排名）

国家	M1	Std. M1	M2	Std. M2	M3	Std. M3	Com_S	Com_R
新加坡	1.126	100.00	0.807	100.00	0.430	74.30	0.782	1
爱沙尼亚	0.922	74.52	0.387	69.32	0.253	62.31	0.694	2
马来西亚	0.767	57.45	0.535	87.24	0.113	44.84	0.694	3
格鲁吉亚	0.755	55.97	0.691	91.20	0.229	58.94	0.687	4
斯洛文尼亚	0.897	71.76	0.403	71.23	0.236	59.78	0.683	5
拉脱维亚	0.831	64.55	0.507	83.85	0.023	33.81	0.682	6
黑山	0.780	58.83	0.482	80.77	−0.230	12.86	0.669	7
波兰	0.845	65.93	0.458	77.91	0.214	57.13	0.666	8
立陶宛	0.843	65.72	0.473	79.71	0.341	72.61	0.663	9
捷克	0.863	67.95	0.436	75.26	0.229	58.94	0.657	10
斯洛伐克	0.838	65.30	0.469	79.08	0.265	63.28	0.654	11
匈牙利	0.824	63.71	0.523	85.75	0.018	33.18	0.653	12

国家	M1	Std. M1	M2	Std. M2	M3	Std. M3	Com_S	Com_R
以色列	0.811	62.22	0.560	90.10	0.176	52.36	0.643	13
克罗地亚	0.762	56.82	0.526	86.18	0.268	63.60	0.634	14
罗马尼亚	0.726	52.89	0.577	92.22	0.103	43.46	0.631	15
保加利亚	0.739	54.27	0.551	89.15	0.017	33.07	0.630	16
不丹	0.624	41.66	0.512	84.48	0.295	66.89	0.624	17
塞浦路斯	0.787	59.57	0.493	82.15	−0.089	20.03	0.619	18
摩尔多瓦	0.679	47.70	0.665	93.58	−0.220	15.03	0.613	19
北马其顿	0.682	48.02	0.533	87.03	0.042	36.04	0.595	20
波斯尼亚和黑塞哥维那	0.626	41.98	0.634	99.11	0.406	80.45	0.593	21
印度尼西亚	0.620	41.23	0.538	87.56	−0.103	18.34	0.588	22
亚美尼亚	0.643	43.67	0.611	96.25	0.272	64.13	0.587	23
希腊	0.703	50.35	0.522	85.54	0.157	50.14	0.583	24
越南	0.654	44.94	0.495	82.36	0.268	63.71	0.579	25
乌兹别克斯坦	0.597	38.69	0.667	87.21	0.267	63.60	0.577	26
俄罗斯	0.653	44.84	0.424	73.78	0.111	44.52	0.575	27
约旦	0.675	47.28	0.531	86.81	−0.158	11.66	0.571	28
文莱	0.631	42.29	0.358	65.93	0.124	46.11	0.570	29
阿尔巴尼亚	0.691	49.08	0.442	76.00	0.395	79.18	0.564	30
白俄罗斯	0.573	35.93	0.616	96.99	0.328	70.91	0.563	31
乌克兰	0.569	35.62	0.646	83.59	0.287	66.04	0.559	32
吉尔吉斯斯坦	0.591	37.95	0.604	95.51	0.287	65.93	0.555	33
土耳其	0.651	44.63	0.527	86.18	0.173	52.05	0.545	34
塞尔维亚	0.600	39.01	0.557	89.78	0.120	45.58	0.544	35
菲律宾	0.571	35.83	0.601	95.08	0.288	66.14	0.534	36
老挝	0.543	32.65	0.531	86.81	0.267	63.60	0.533	37
哈萨克斯坦	0.600	38.90	0.502	83.21	−0.060	23.53	0.530	38
蒙古国	0.590	37.95	0.494	82.26	0.270	63.92	0.522	39

国家	M1	Std. M1	M2	Std. M2	M3	Std. M3	Com_S	Com_R
泰国	0.588	37.74	0.414	72.61	0.167	51.41	0.512	40
斯里兰卡	0.553	33.81	0.523	85.65	0.124	46.11	0.504	41
阿塞拜疆	0.531	31.27	0.528	86.39	0.317	69.64	0.496	42
黎巴嫩	0.517	29.89	0.524	85.75	0.278	64.87	0.485	43
阿拉伯联合酋长国	0.788	59.68	−0.102	10.49	0.174	52.15	0.481	44
卡塔尔	0.772	57.98	−0.189	0.00	0.424	82.68	0.476	45
土库曼斯坦	0.658	51.83	0.474	77.91	0.310	67.20	0.467	46
柬埔寨	0.554	33.92	0.427	74.09	0.214	57.13	0.458	47
马尔代夫	0.593	38.05	0.448	76.74	0.073	39.86	0.458	48
尼泊尔	0.484	26.18	0.479	80.45	0.319	69.85	0.454	49
埃及	0.453	22.79	0.492	81.94	0.233	59.36	0.448	50
沙特阿拉伯	0.565	35.09	0.205	47.49	0.113	44.73	0.446	51
阿曼	0.578	36.46	0.133	38.69	0.400	79.71	0.435	52
科威特	0.557	34.24	0.037	27.24	0.149	49.18	0.423	53
叙利亚	0.381	14.84	0.612	96.46	0.310	68.69	0.416	54
印度	0.546	32.97	0.172	43.46	0.139	47.91	0.405	55
缅甸	0.384	15.05	0.560	90.10	0.064	38.80	0.404	56
伊朗	0.420	19.08	0.358	65.93	0.205	55.97	0.403	57
塔吉克斯坦	0.412	18.23	0.407	71.76	0.161	50.56	0.378	58
巴基斯坦	0.326	8.80	0.420	73.25	0.272	64.24	0.348	59
巴林	0.520	30.21	0.055	29.47	0.375	76.85	0.343	60
孟加拉国	0.392	16.01	0.311	60.21	0.215	57.24	0.332	61
阿富汗	0.278	3.39	0.610	96.14	0.269	63.81	0.329	62
伊拉克	0.247	0.00	0.489	81.51	0.156	49.93	0.329	63
也门	0.289	4.66	0.516	85.01	0.296	67.10	0.326	64

在所有国家中,新加坡位列第 1 名,它经济发展、政治文化和资源生态这 3个主成分都得到了最高分。爱沙尼亚和马来西亚分别为第 2 名和第 3 名,得到了相同的分数。位列第 4 和第 5 名的两个国家分别是格鲁吉亚和斯洛文尼亚,它们的分数差距很小。而倒数 5 个国家分别是也门、伊拉克、阿富汗、孟加拉国和巴林。从每个主成分的得分上看,就经济发展维度而言,得分仅次于新加坡的国家是爱沙尼亚,而分数最低的国家是伊拉克;就政治文化维度而言,得分仅次于新加坡的国家是格鲁吉亚,最低的国家是卡塔尔。

从每个区域的发展指数综合得分来看,其中,东盟国家的差异较大,在该区域中,新加坡和马来西亚两个国家进入了前 10 名,它们分别位列第 1 名和第 3 名,但是没有一个国家在第 10 到 20 名之间。居于第 20 到 30 名之间的只有 3 个国家,它们分别是第 22 名的印度尼西亚,第 25 名的越南以及第 29 名的文莱。而其余国家均位列 30 名之后。在该区域中得分最低的国家是缅甸,在所有国家中排第 56 名。西亚国家的整体发展水平不高,其中排名最高的国家是以色列,在所有国家中位列第 13 名,除此以外,没有一个国家在前 25 名之内,其余的多数国家排在第 40 名之后,而得分最低的国家是也门,它在所有国家中处于最后位置。南亚国家的整体水平和西亚国家相似,没有一个国家进入了前 10 名,得分最高的不丹仅位列第 17 名,其他国家均在 40 名之后,得分最低的国家是孟加拉国,在所有国家中位列第 61 名。独联体国家的发展质量整体较为一般,其中只有格鲁吉亚进入了前 10 名,在所有国家中排名第 4名。居于 10 到 20 名之间的国家只有摩尔多瓦,它排名第 19 名。其他多数国家居于第 20 到 40 名之间。在中亚和蒙古国区域中得分最低的国家是阿富汗,在所有国家中排名第 62 名。可以发现,中东欧是这几个区域中发展水平最高的地区,有 7 个国家进入了前 10 名,它们分别是第 2 名的爱沙尼亚,第 5名的斯洛文尼亚,第 6 名的拉脱维亚,第 7 名的黑山,第 8 名的波兰,第 9 名的立陶宛和第 10 名的捷克,其他国家都排在第 10 至第 35 名之间。

七、结论与讨论

通过前文所述的方法选择、指标选取和数据计算等步骤,我们得到了各个国家在综合发展指标以及每个维度上的评价结果,并且得到了发展指数的综合评价得分。由此,我们可以对每个国家在经济、政治、基础设施、法制、文化、生态环境、资源禀赋等纳入本研究的 7 个维度的水平进行评估和比较,进而对每个国家的综合发展情况进行评价和对比,从而得到"一带一路"主要国家的发展质量和开展国际合作的潜力。根据评价结果,在这些因素中,经济、政治、基础设施、法制的发展情况对发展指数的整体评价起到了最为重要的作用。与此同时,生态环境和自然资源也起着一定的影响。

在此需要强调的是,发展指数的诸多方面具有动态性(例如经济危机、政权的更替、战争的爆发和自然灾害等),在这样变化的环境中,数据的跟进总是滞后的,因此还需要根据具体的情况选择合适的评价策略。

(一)经济因素对国家的宏观发展质量有基础性作用

根据主成分分析所得到的结果,我们发现经济环境、基础设施环境、法律环境具有较高的相关性,它们可以合并为 1 个维度——经济发展维度。并且,这一主成分的解释效用在 3 个主成分中是最大的。为了辅助说明经济因素对宏观发展水平的作用,我们对该主成分的得分与综合评价得分的相关系数进行了计算,结果为 0.895,从统计学意义上来说是高度相关。由此可知,经济因素对国家的宏观发展质量产生基础性的影响。因此,在我国与各个"一带一路"沿线国家的合作中,需要重点对经济环境、基础设施环境、法律环境等所有与经济和社会发展相关的因素重点考察,从而更为准确地把握每个国家或地区的发展潜力和合作前景。

(二)政治与文化因素对国家发展水平的影响

"一带一路"所涉及的国家呈现政治形态与文化的多样性,宗教信仰与社会习俗在很多国家的日常生活中发挥着重要作用。例如,中亚、西亚很多国家以及东南亚的印度尼西亚都是伊斯兰国家,某些行业受宗教习俗的约束。以保险业务为例,在伊斯兰教中对保险存在反对意见,有人认为未来的一切事件都是真主的意愿,企图给未来事件保险,就是侵犯真主的权利,违背真主的意愿。在这种社会氛围下,企业的经营会面临一定的不确定性。

(三)生态环境和自然资源禀赋对发展质量的制约作用

尽管生态环境和自然资源禀赋对国家发展综合评价的作用不如经济社会环境强烈,但是在国际合作中,仍然需要考察生态环境和自然资源禀赋对国家整体发展质量的影响,尤其是一些依靠油气、金属等自然资源创造 GDP 的国家(如沙特阿拉伯、阿拉伯联合酋长国等中东地区的一些主要依靠石油资源发展经济的国家)。这些国家的自然资源禀赋对投资能源、金属等产业的合作项目具有更为重要的意义。就生态环境而言,需要重点考察一些自然灾害较为频繁的国家以及灾害的特点(如南亚的孟加拉国在热带季风的作用下经常爆发洪涝灾害),因为自然灾害对投资活动(尤其是工业和农业这样的实物生产行业)的损失是巨大的,在灾害较为频繁的国家中进行经济活动,需要在自然灾害防护上付出较多的投入。

(四)各个维度的相互影响

尽管主成分分析把纳入本研究的 7 个一级指标提取为 3 个主成分,从统计学的意义上来说这 3 个主成分是相互独立的,但是从理论上我们不可否认经济发展、政治文化和环境资源之间存在着相互的影响。以经济发展和环境保护之间的关系为例,在经济相对发达的国家中,政府对环境保护以及对自然资源的开发和保护会有较大的投入,如新加坡的环境保护举世闻名,该国在法律上对环境保护相当严苛。而对于一些经济较为脆弱的国家,政府更多关注经济的发展和民生水平的提高,致力于解决国民的温饱问题,或者治疗由战争带来的创伤,难以对环境保护付诸较多的投入,如长期以来经历战乱的中亚国家阿富汗,国家政权的合法性本身不足,政权不稳定,经济在长期的战乱中已经伤痕累累,政府以及国民无暇顾及环保问题[①]。又如,在一些经济较为落后但同是自然资源较为丰富的地区,人们的环境保护意识比较薄弱,为了开采自然资源而不顾环境的承受能力,在提高生产力的同时,对生态环境造成了巨大的负面影响。然而这 3 个主成分之间相互影响的关系不是绝对的,人类发展、国际环境变化的复杂性使这些关系变得复杂。如海湾战争造成了海湾这一海域生态环境的恶化,同时该战争也使伊拉克从一个主要的石油出口国变为石油短缺的国家(张娥,2006)。我们还可以看到 65 个国家中存在一些极为罕见的例外情况,最为典型的是不丹,这个面积狭小、经济发展水平不高的国家自

---

① 王晓易. 环境污染——阿富汗人的大烦恼[EB/OL]. (2019-06-05)[2012-04-24]. http://news.163.com/12/0424/08/7VRHCD9000014AED.html.

然环境却相当优越,尽管物质生活水平不高,但是该国国民的幸福感却是世界最强的(詹必万,2013)。因此在综合评价中需要思考各个维度之间关系的复杂性。

(五)发展指数评价结果对国际合作的参考意义

1. 评价结果的参考价值

本研究通过影响国家综合发展的 7 个维度对"一带一路"所涉及的主要国家进行考察,每个维度包含多个指标(共计 37 个),评价机制较为全面,内容较为丰富,评价结果通过量化的手段进行呈现,每个国家的每个指标、每个维度乃至综合指标都有着对应的分数,有助于清晰、直观地判断各国在各个维度的发展水平,因而具有一定的参考性。参照本研究的评价结果对国际合作项目进行具体的前瞻性设计,有助于维护我国的国家利益。

2. 需要根据关键指标做出判断

从评价结果中也可以发现,没有一个国家在所有维度上得到最高的分数,也没有一个国家在某个维度中的所有指标上全部位居第 1。这意味着在投资实践中,投资方不可能选择一个各方面都完美的环境作为目标地,只能根据投资的实际需要重点参考某些对投资产生关键影响的指标或维度。例如,资源型产业的投资不仅需要考察本研究中资源禀赋、基础设施水平等基本要素,也要考虑法律对跨国投资的保护是否完善、政治风险和当地的宗教文化等因素。

第二章 "一带一路"投资环境指数研究

一、"一带一路"沿线国家投资环境评价研究综述

中国与全球化智库(CCG)甄选了从 2005 年 1 月 1 日起至 2014 年 6 月 30 日期间发生的对外直接投资事件中 120 个舆论影响大、投资失败的典型案例,分析后发现,25％的投资事件是由于政治原因导致失败,其中有 8％的投资事件在投资审批等环节因东道国政治派系力量的阻挠导致失败,有 17％的投资事件是在运营过程中由于东道国的政治动荡、领导人更迭等原因遭遇失败(王辉耀,2014)。有的国家对"一带一路"倡议心存疑虑,如印度秉持着"谨慎欢迎、保持沟通"的态度,等待适时推出"印度制造",冲淡"一带一路",夺回话语权(张洁,2015)。

中国出口信用保险公司(简称中国信保)是我国唯一的政策性出口信用保险机构,该公司对"一带一路"涉及国家的投资环境进行了风险分析。2015 年 8 月,中国信保发布的风险监测表明,"一带一路"沿线国家的整体风险水平较高,由低至高按 1 至 9 级的风险评级显示,这些国家均值为 5.54,其中,风险为 5 级的有 20 国,风险为 6 级的有 13 国,风险为 7 级的有 10 国。

"一带一路"沿线部分国家不是世界贸易组织成员,这些国家的有关法律、政策不受世贸组织关于国际贸易仲裁制度的约束。同时,有的东道国也并不是《纽约公约》的缔约国,这就意味着在针对这些国家的投资项目的争议的国际仲裁中,即使取得有利于中方的裁决,在获得东道国法院对这些仲裁裁决的承认和执行方面也有着重大的不确定性因素,从而使得仲裁结果难以落实。

二、投资环境评价体系

(一)评价思路

对外投资首先要考虑经济上的合理性,例如对于基础设施建设,既要分析其现有的基础设施条件,判断基础设施的市场需求;又要结合其经济水平,分析建设的合理性。又如环境保护领域的投资,污染严重的地区,对环保投资的需求较高;但如果该地区经济落后,尚处于解决基本生存问题的发展阶段,该地区可能缺乏对环保的重视,这时在环保领域进行投资可能并不适宜。因此,经济合理性是投资的首要因素。

在符合经济合理性的条件下,政治、法律等因素会有重要的影响。假设某地区有丰富的矿产资源(如有色金属),开采成本较低,但因政治动荡,政府更迭频繁,投资无法获得稳定收益,那么也不适宜投资。某些国家对境外资本有种种限制,法律因素也可能形成投资障碍。因此,政治因素、法律因素也是投资环境评价过程中必须考虑的。

本报告分两个层次对"一带一路"沿线国家的投资环境进行评价:第一层次是分行业评价;第二层次是在分行业评价的基础上,结合政治、法律因素进行综合评价。按照"一带一路"倡议构想,将投资类别分为以下几种:

(1)基础设施;

(2)制造业;

(3)能源与矿产;

(4)环境保护;

(5)物流与电子商务;

(6)农林牧渔;

(7)教科文卫。

以下从经济领域对每项投资类别进行投资环境评价。同时,对政治环境和法制环境分别进行评价。最后,将经济、政治、法律指标进行综合加权,得到综合指数。

（二）主要指标

1. 基础设施

基础设施是"一带一路"倡议的优先发展领域。实现包括铁路、公路、港口、电网、通信在内的基础设施互联互通，符合区域内各国发展需求和欧亚区域合作大势。国家推进"一带一路"建设工作要求，以基础设施互联互通为突破口，发挥对推进"一带一路"建设的基础性作用和示范效应。该行业的投资环境评价考虑以下指标。

基础设施建设水平：选择铁路客运量、铁路货运量、航空客运量、航空货运量、港口质量作为衡量一个国家基础设施建设水平的变量。在分析中，将基础设施各个组成部分先进行综合，得出基础设施的总体水平值，再进入下一步分析。

对外贸易额：投资"一带一路"国家基础设施的目的是增加贸易和人员往来的便利度，因此对外贸易额能够体现一个国家对基础设施建设需求的迫切程度。

经济增长率：一个国家或地区的经济增长速度较快意味着较大的市场潜力。在这种条件下，当地的基础设施有较高的投资价值。如果一个国家经济增长较慢甚至衰退，对基础设施的需求不高，则投资可能难以获得经济回报。因此，需要将年均经济增长率作为衡量基础设施投资必要性的指标。

2. 制造业

制造业的投资环境评级指标由以下因素构成。

工资水平：劳动密集型制造业主要布局在发展中国家。20 世纪 80 年代以来，中国在整体教育水平较低、基础设施不完善、法制不健全的条件下逐步成为世界工厂，主要的因素是较低的工资水平和庞大的劳动力供应。随着中国工资水平的提高，部分制造业向越南、老挝等国家转移，原因也在于此。

劳动年龄人口比重：劳动年龄人口比重体现劳动力的丰富程度，这一因素与工资水平相辅相成，共同影响制造业的成本。在人口结构老化的国家和地区，如日本、韩国以及中国台湾地区，劳动力供应不足，不得不引进外籍劳动力，由此推高了生产成本。

人均受教育年数：人均受教育年数体现劳动力的质量。随着全球产业结构的升级,人口文化素质对人力资本价值的决定作用越来越显著。较高的人口文化素质能给经济带来更大的收益,也能给投资方提供人力资源基础。发达国家仍然掌握着高端制造业,如航空航天、汽车制造、精密仪器、发电机组、生产线设备等行业。虽然这些国家劳动力成本高,但劳动者掌握了相应的技能。反之,在劳动者技能较低的国家,即使工资水平低,也仍不足以支撑高端制造业。因此,引入劳动者质量的指标来衡量投资环境是必要的。

3. 能源与矿产

油气资源储量:石油、天然气是国际能源消费的组成部分,可以作为自然资源的主要代表。尽管当前整个世界的能源消费结构正在变化,核电、水电、风电、太阳能等能源比重逐步提高,但石油、天然气仍然在生产和生活中扮演着重要角色。在"一带一路"所涉及的国际合作中,石油、天然气领域的投资将占十分重要的地位。

基础设施水平:能源与矿产行业对基础设施的要求较高,如石油、天然气的开采需要管道运输,而煤炭、矿石则需要铁路运输。电力供应、通信等也制约着这类行业的发展。在电力供应不稳定的地区,开采风险较大。

投资环境的部分指标,如商业活动自由指数指标直接采用"'一带一路'沿线国家发展指数研究"章节的指标数据。

4. 环境保护

环境保护领域的指标由以下因素构成。

污染物排放:污染物的类型繁多,如二氧化硫、温室气体、汽车尾气、工业粉尘、工业污水、固体废弃物等。本报告以 PM2.5 污染作为代表性指标,原因在于:环境污染(尤其是空气污染)和气候变化在很大程度上有共因,即主要都是由矿物燃料燃烧的气体排放造成的;在一个特定区域,污水排放、固体废弃物排放与废气排放具有同步性,因而减轻和控制环境污染与减少温室气体排放、保护气候在行动上应是一致的,两者存在"环境协同效应"。PM2.5 污染指标越高,则国家越需要抑制污染物排放。

遭受干旱、洪水和极端天气人口比重:在"一带一路"涉及的 65 个国家中,南亚和东南亚国家常遭受洪水、飓风的侵袭,而中亚国家则常常干旱。这些灾害与人类对自然的过度开发有关。遭受干旱、洪水和极端天气人口比重能够体现一个国家改善环境的迫切程度。出于数据可获得性的原因,本研究只将遭受干旱、洪水和极端天气人数占总人数的百分比纳入指标体系。

人均国民收入:环境与经济发展存在着"库兹涅茨曲线",即当一个国家经济发展水平较低的时候,环境污染的程度较轻,但是随着人均收入的增加,环境污染程度由低趋高,环境恶化程度随经济的增长而加剧;当经济发展达到一定水平,到达某个临界点以后,随着人均收入的进一步增加,环境污染程度又由高趋低,逐渐减缓,环境质量逐渐得到改善。一方面,在经济水平低的时候,提高收入的迫切要求远高于对环境问题的关注,当收入达到一定水平时,环境问题才会受到普遍重视;另一方面,解决环境问题需要的投资与相关技术,也需要在一定的经济基础上才能获得。

5. 物流与电子商务

物流业是融合运输、仓储、货代、信息等产业的复合型服务业,是支撑国民经济发展的基础性产业。该行业的投资环境考虑以下指标。

信息化水平:投资企业是否能够较为容易地接入互联网还取决于东道国的互联网的普及程度。在评价一个地区互联网普及程度的指标中,互联网使用人数是一个常用的指标。考虑到评价的可比性原则,本研究使用每百人互联网使用人数来评估每个国家的互联网普及程度。

基础设施水平:基础设施是物流业发展的前提。在我国,物流行业缺少功能完备的基础设施网络布局、信息化指挥调度系统、市场诚信体系以及标准化服务体系,从而导致尽管交通路网建设日新月异,但物流效率仍然停滞不前的现实问题。未来在"一带一路"物流体系的建设中,这也是迫切需要解决的问题。

对外贸易:一个国家的对外贸易量体现了对物流的需求程度。贸易量越大,贸易额增长越快,对物流行业的需求也越高,也越有投资价值。

6. 农业

粮食安全不仅是中国关注的问题,也是"一带一路"沿线国家共同关切的问题。因此,粮食合作可以说是"利益共同体"和"命运共同体"的最佳结合点之一。例如,中亚地区地广人稀,土地集中、平坦,物种资源丰富,农业生产效率低,劳动力不足,经营方式粗放。如中亚耕地面积最大的哈萨克斯坦,谷类单产却是中亚最低的,小麦产量占粮食总产量的80%,小麦单产1吨/公顷,仅为中国的1/5,提升潜力巨大。

农业"走出去"并非坦途,除了面临东道国政治不稳定、信息和人才缺乏、资金短缺等困难外,部分国家也对中国"买地"的举动产生担忧。农业"走出去",绝对不仅仅是买地,而是全方位和立体的,包括贸易和技术交流。因此,需要考虑以下几个指标。

人均耕地面积:人均耕地面积是农业对外投资的首要考虑因素。只有人均耕地面积大的地区,才有可能接收境外投资,同时对外资的限制也较少。

科技研发水平:科技研发水平体现了一个国家现代农业的发展能力。例如,以色列是世界上自然资源最匮乏的国家之一,主要是水和耕地资源极其短缺。然而以色列却是世界上农业最发达的国家之一,其在中东沙漠上创造的农业奇迹已经成了世界上资源节约型农业的典范。先进的理念、管理和技术,使这个国家利用2.2%的农业人口养活了720万国民的同时,还向欧洲出口水果和蔬菜。以色列水果和蔬菜单产水平居世界前列,单头奶牛年产奶量目前居世界第1位。以色列的高效、低量、低毒农药,防扩散污染技术和施药机械,化肥深施技术和机械,免耕作业机械等,对中国和"一带一路"沿线国家农业的可持续发展,有重要的借鉴意义。

投资环境的部分指标,如最惠国待遇指标直接采用"'一带一路'沿线国家发展指数研究"章节的指标数据。

7. 教科文卫

教科文卫交流是"民心相通"的重要组成部分。新的历史时代下"一带一路"还将承载丝路精神,坚持开放多元,促进交流,共同努力,以和平发展为根本,以区域合作架起合作友好的桥梁。该领域的投资环境指标如下。

公共教育支出在GDP中的比重:一国教育的公共属性越强,该国的居民就有越多平等的机会获得公共教育资源,公共教育支出占GDP的比重就越高,就体现出政府对教育发展与人力资本的重视,该国就有较大的文化发展潜力。因此,使用公共教育支出在GDP中的比重作为文化发展水平的度量指标之一。

研究与发展(R&D)经费占GDP比重:科技的发展是促进经济发展的重

要推力,它使生产力水平提高。而科技发展是创新的结果,因此,一国的创新能力以及对创新的重视程度在一定程度上决定了该国的经济发展的潜力,也决定了是否能为跨国投资创造良好的经济环境。本研究采用 R&D 经费占GDP 的比重来评价东道国的创新潜力。

对华贸易量:教育、科技、卫生、文化领域的国际交流涉及该国与中国关系的密切程度,对华贸易量能够体现这种双边关系。

8. 政治环境

政治环境是投资环境的重要组成部分,本部分政治环境指标直接采用"'一带一路'沿线国家发展指数研究"章节的指标数据。

9. 法制环境

法律是社会规范的一种重要的表现形式。对国际投资而言,投资方需要了解东道国的对外来资本活动的法律,才能够更好地适应当地的经济活动规则,因为它体现着对外来资本的接纳程度以及当地的贸易自由度。所以,投资方选择贸易自由度高、对外来资本接纳程度高的国家更有利可图。

进口关税占总税收收入比重:在国际经济活动中,关税起着对外来资本、商品和服务的"关卡"作用。较高的关税使外来资本、商品和服务较难进入当地市场;反之,较低的关税意味着对外来资本、商品和服务的接受度较高。

商业活动自由指数:在一个较为自由的市场中,企业有较多的机会参与市场竞争,竞争机制相对公平。然而,在一个市场垄断的环境中,企业难以通过公平竞争的方式生存下来。在这样的环境中,东道国当地的普通企业尚且生存艰难,外来投资更难以通过合法途径取得立足之地。因此,投资方应该选择市场较为自由的国家进行投资。

法律权益强度指数:在制度发展较为完善的国家中,投资方可以在较大程度上通过法律途径保障自身权益。法律是一种规范性手段,对于作为外来者的投资方而言,通过这种方式保障自身权益较为适宜。因而在本研究中,我们需要评价法律对投资者的保护能力。但是由于数据有限,本研究只能采用世界银行公布的法律权益强度指数,它表示担保法与破产法对借方与贷方的保护能力。

(三)评价方法

1. 标准化方法

本研究采用了使每个指标的分数区间在[0,1]的方法:每个国家在某个指标上的得分与所有国家在该指标上得分的最小值之差,除以所有国家在该指标上得分的最大值与最小值之差:

$$y_i = \frac{x_i - \min_{1 \leqslant j \leqslant n}\{x_j\}}{\max_{1 \leqslant j \leqslant n}\{x_j\} - \min_{1 \leqslant j \leqslant n}\{x_j\}}$$

接着根据上述方法求出某个维度中所有指标的分数之后,就可以求出该维度的均值,即某个国家在该维度上的得分:

$$\overline{X} = \frac{1}{n}\sum_{i=1}^{n} x_i$$

在分行业投资环境分析中,绝大多数指标采用相同权重的方法处理。在特殊情况下,如"能源与矿产投资环境评价"中,油气资源储量指标显然比基础设施水平、商业活动自由指数更重要,因此油气资源储量权重设为0.5,基础设施水平和商业活动自由指数权重均为0.25。

在每个维度的指标中总有一些国家的数据缺失,因此在计算平均数时需要注意 n 值的变化。

2. 缺省值处理

由于某些指标缺少部分国家的数据,为了确保评价的有效性,在计算过程中需要对缺省数值进行处理:假设投资环境某一类别的分数由三部分组成,权重比例是30:40:30,如果某个国家第一项分数是27,第二项是35,第三项缺失,那么总分数=(27+35)/0.7,这样就在部分指标缺失的条件下仍可以进行综合比较。

3. "升序"与"降序"数据的统一

多数指标采用"升序"表示,即数值越高,得分越高。如劳动年龄人口比重越高,越有利于发展制造业。在环境保护投资环境分析中,PM2.5污染、遭受自然灾害的人口比重都是数值越高时情况越糟,越需要在环保领域进行投资,因此是正相关关系。但部分指标与投资需求并不是正相关关系,如工资水平越高,企业运营成本越高,对劳动密集型企业发展不利,因此在得到标准化数

据 a 之后,用 $1-a$ 表示工资水平指标,从而使其与制造业投资保持一致。此外,在对基础设施投资环境的分析中,现有基础设施建设水平与未来需求也是反向关系,也采用类似方法处理。

三、评价结果

(一)分行业投资环境评价结果

1. 基础设施投资环境评价结果

吉尔吉斯斯坦、蒙古国、摩尔多瓦、老挝、柬埔寨、塔吉克斯坦等国家的基础设施投资环境指数排在前列。一方面,这些国家的经济增长率较高,对外贸易活跃,需求旺盛(蒙古国的经济增长率在"一带一路"沿线国家中名列前茅);另一方面,现有的基础设施水平不能满足经济发展的需要,对新的基础设施投资需求较大。

与此相反,俄罗斯、希腊、塞浦路斯基础设施投资环境较差。这三个国家近年来经济增长缓慢甚至衰退,对外贸易低迷,而原有基础设施水平并不差,因此对新的基础设施投资需求低于其他国家。俄罗斯是严重依赖能源出口的国家,油气出口占到财政预算收入的一半以上,2014 年至今油价低位运行让本来就遭受西方制裁的俄罗斯经济雪上加霜。经过近年来的经济衰退和卢布本币贬值,当前俄罗斯 GDP 以美元计算已经倒退回 2006 年的水平。截至 2016 年 6 月,俄罗斯经济已持续 18 个月实现负增长。俄罗斯官方机构最新发布的报告显示,持续的经济衰退导致俄罗斯企业在 2016 年第二季度出现新一轮破产潮,情况严重程度堪比 2009 年国际金融危机。此轮企业破产潮几乎是全行业的:商贸类、交通和通信业、冶金业、食品业企业破产数量第二季度环比增幅最大,基本都超过 20%。大规模破产潮还导致企业拖欠工资情况恶化,民众生活受到影响。在此背景下,中俄"政热经冷"的局面更加凸显。据中国海关总署统计,2015 年,中俄双边贸易总值为 4227.3 亿元,下降 27.8%。其中对俄出口 2162.4 亿元,下降 34.4%;自俄罗斯进口 2064.9 亿元,下降 19.1%。由于国内经济和对外贸易持续不振,俄罗斯的基础设施投资环境不容乐观。希腊、塞浦路斯的情况也类似(见表 2-1)。

表 2-1　基础设施投资环境指数

国家	基础设施现有水平	对外贸易额	经济增长率	总分	排名
吉尔吉斯斯坦	0.093	0.308	0.957	0.586	1
蒙古国	0.109	0.206	1.000	0.549	2
摩尔多瓦	0.137	0.277	0.868	0.504	3
老挝	0.071	0.153	0.813	0.448	4
柬埔寨	0.176	0.290	0.755	0.435	5
塔吉克斯坦	0.059	0.166	0.750	0.429	6
新加坡	0.735	1.000	0.576	0.421	7
土库曼斯坦	0.086		0.915	0.415	8
越南	0.210	0.403	0.634	0.414	9
乌兹别克斯坦	0.087	0.077	0.786	0.388	10
缅甸	0.036		0.800	0.382	11
伊拉克	0.061	0.105	0.702	0.373	12
马尔代夫	0.431	0.482	0.592	0.322	13
立陶宛	0.295	0.409	0.524	0.319	14
孟加拉国	0.078	0.040	0.669	0.315	15
马来西亚	0.329	0.335	0.592	0.299	16
菲律宾	0.224	0.082	0.730	0.294	17
阿塞拜疆	0.201	0.129	0.656	0.292	18
哈萨克斯坦	0.218	0.101	0.668	0.275	19
不丹	0.109	0.213	0.441	0.272	20
格鲁吉亚	0.186	0.211	0.510	0.268	21
泰国	0.252	0.305	0.480	0.266	22
斯洛伐克	0.327	0.460	0.399	0.266	23
约旦	0.204	0.248	0.482	0.263	24
尼泊尔	0.088	0.045	0.558	0.258	25
匈牙利	0.327	0.414	0.426	0.257	26
波斯尼亚和黑塞哥维那	0.134	0.172	0.461	0.250	27

国家	基础设施现有水平	对外贸易额	经济增长率	总分	排名
罗马尼亚	0.177	0.143	0.523	0.245	28
白俄罗斯	0.167	0.277	0.378	0.244	29
塞尔维亚	0.166	0.183	0.466	0.242	30
保加利亚	0.223	0.310	0.390	0.239	31
阿曼	0.368	0.294	0.545	0.236	32
拉脱维亚	0.302	0.277	0.493	0.234	33
巴基斯坦	0.107	0.000	0.572	0.233	34
阿富汗	0.040	0.070	0.430	0.230	35
亚美尼亚	0.185	0.132	0.509	0.228	36
也门	0.112		0.560	0.224	37
北马其顿	0.249	0.222	0.472	0.222	38
印度尼西亚	0.246	0.047	0.643	0.222	39
巴林	0.459	0.265	0.634	0.220	40
印度	0.350	0.061	0.721	0.216	41
爱沙尼亚	0.420	0.423	0.407	0.205	42
黑山	0.340	0.213	0.524	0.198	43
黎巴嫩	0.273	0.269	0.368	0.182	44
斯里兰卡	0.176		0.515	0.170	45
阿尔巴尼亚	0.213	0.170	0.380	0.169	46
土耳其	0.313	0.075	0.562	0.162	47
埃及	0.161	0.029	0.439	0.154	48
乌克兰	0.203	0.189	0.315	0.151	49
沙特阿拉伯	0.329	0.152	0.472	0.147	50
捷克	0.360	0.353	0.284	0.139	51
波兰	0.298	0.176	0.390	0.134	52
以色列	0.339	0.096	0.506	0.132	53
叙利亚	0.055		0.315	0.130	54

国家	基础设施现有水平	对外贸易额	经济增长率	总分	排名
阿拉伯联合酋长国	0.772	0.443	0.569	0.121	55
卡塔尔	0.560	0.212	0.585	0.118	56
斯洛文尼亚	0.372	0.341	0.253	0.111	57
克罗地亚	0.249	0.160	0.253	0.082	58
科威特	0.459	0.197	0.383	0.060	59
文莱	0.325	0.231	0.212	0.059	60
伊朗	0.169	0.043	0.203	0.038	61
俄罗斯	0.501	0.055	0.394	−0.026	62
希腊	0.304	0.094	0.127	−0.042	63
塞浦路斯	0.436	0.202	0.000	−0.117	64

2. 制造业投资环境评价结果

乌克兰、塔吉克斯坦、土库曼斯坦、吉尔吉斯斯坦、乌兹别克斯坦、摩尔多瓦、白俄罗斯等国家的制造业投资环境指数居前,这些国家的劳动年龄人口比重和人均受教育年数优于"一带一路"沿线大部分国家,而工资水平不高,因而在制造业领域有较强的竞争力。中东欧国家位居其次。东南亚国家如越南、菲律宾、巴基斯坦、印度在制造业方面也有较好的环境,具有一定的投资价值。新加坡、文莱、科威特、卡塔尔因国民收入较高,制造业不具有成本优势。阿富汗则因人口教育水平低和运营成本高而位居后列(见表 2-2)。

表 2-2　制造业投资环境指数

国家	人均受教育年数	劳动年龄人口比重	工资水平	总分	排名
乌克兰	0.877	0.803	0.845	0.842	1
塔吉克斯坦	0.737	0.840	0.902	0.826	2
土库曼斯坦	0.740	1.000	0.710	0.816	3
吉尔吉斯斯坦	0.680	0.832	0.925	0.812	4
乌兹别克斯坦	0.747	0.812	0.870	0.809	5

国家	人均受教育年数	劳动年龄人口比重	工资水平	总分	排名
摩尔多瓦	0.729	0.792	0.873	0.798	6
白俄罗斯	0.900	0.761	0.723	0.795	7
格鲁吉亚	0.958	0.613	0.808	0.793	8
阿塞拜疆	0.865	0.736	0.725	0.775	9
哈萨克斯坦	0.787	0.859	0.665	0.770	10
立陶宛	0.984	0.691	0.596	0.757	11
菲律宾	0.642	0.798	0.827	0.756	12
斯里兰卡	0.830	0.613	0.824	0.755	13
亚美尼亚	0.829	0.603	0.816	0.749	14
蒙古国	0.586	0.833	0.814	0.744	15
越南	0.511	0.792	0.927	0.743	16
拉脱维亚	0.896	0.690	0.597	0.728	17
保加利亚	0.807	0.641	0.725	0.724	18
约旦	0.743	0.629	0.789	0.720	19
罗马尼亚	0.819	0.630	0.683	0.711	20
黑山	0.804	0.592	0.730	0.709	21
匈牙利	0.880	0.600	0.630	0.703	22
爱沙尼亚	0.947	0.607	0.547	0.701	23
塞尔维亚	0.706	0.622	0.762	0.697	24
俄罗斯	0.921	0.517	0.644	0.694	25
波兰	0.930	0.526	0.626	0.694	26
印度尼西亚	0.508	0.733	0.829	0.690	27
斯洛伐克	0.904	0.569	0.569	0.681	28
捷克	0.978	0.466	0.566	0.670	29
巴基斯坦	0.237	0.858	0.909	0.668	30
克罗地亚	0.852	0.497	0.635	0.661	31

国家	人均受教育年数	劳动年龄人口比重	工资水平	总分	排名
缅甸	0.161	0.896	0.922	0.659	32
柬埔寨	0.339	0.698	0.937	0.658	33
印度	0.208	0.863	0.902	0.657	34
马来西亚	0.706	0.585	0.673	0.655	35
埃及	0.397	0.723	0.837	0.652	36
阿尔巴尼亚	0.679	0.480	0.794	0.651	37
孟加拉国	0.270	0.739	0.927	0.646	38
伊朗	0.540	0.622	0.773	0.645	39
老挝	0.222	0.810	0.896	0.643	40
北马其顿	0.573	0.577	0.776	0.642	41
叙利亚	0.419	0.603	0.890	0.637	42
波斯尼亚和黑塞哥维那	0.588	0.528	0.786	0.634	43
尼泊尔	0.091	0.807	0.982	0.626	44
伊拉克	0.320	0.777	0.772	0.623	45
泰国	0.490	0.609	0.768	0.622	46
斯洛文尼亚	0.936	0.357	0.499	0.598	47
也门	0.020	0.836	0.915	0.590	48
土耳其	0.513	0.575	0.678	0.589	49
巴林	0.695	0.517	0.535	0.582	50
塞浦路斯	0.910	0.341	0.484	0.578	51
沙特阿拉伯	0.624	0.566	0.490	0.560	52
不丹	0.000	0.810	0.861	0.557	53
黎巴嫩	0.548	0.329	0.715	0.531	54
希腊	0.767	0.269	0.527	0.521	55
马尔代夫	0.346	0.454	0.732	0.510	56
以色列	1.000	0.156	0.365	0.507	57
阿曼	0.436	0.520	0.562	0.506	58

国家	人均受教育年数	劳动年龄人口比重	工资水平	总分	排名
阿拉伯联合酋长国	0.662	0.506	0.316	0.495	59
新加坡	0.771	0.421	0.239	0.477	60
文莱	0.623	0.420	0.344	0.462	61
科威特	0.479	0.613	0.289	0.460	62
卡塔尔	0.661	0.430	0.000	0.364	63
阿富汗	0.088	0.721	0.033	0.281	64

3. 能源与矿产投资环境评价结果

能源与矿产投资环境指数最高的国家是文莱,海湾国家的能源与矿产投资环境指数也很不错。与海湾国家相比,文莱除了有丰富的油气资源,商业活动自由指数远高于海湾国家。文莱是东南亚主要产油国和世界主要液化天然气生产国。石油和天然气的生产和出口是文莱的国民经济支柱,分别占国内生产总值的66%和出口收入的93.6%。文莱石油产量在东南亚居第三,天然气产量在世界排名第四。中国与文莱的双边贸易与投资合作呈现加速发展状态,2010—2015年,双边贸易额增长幅度超过100%。在文莱注册公司并正常开展业务的中资企业已有10家。其中,中国恒逸实业有限公司与文莱经济发展局合作,开启了中国与文莱政府的能源合作。中海油与文莱国油开设合资公司共同运营管理,这标志着两国在油气开采领域的合作正式启动。

海湾国家阿拉伯联合酋长国、卡塔尔、伊朗、科威特、沙特阿拉伯、伊拉克等国具有丰富的油气资源储量,大部分国家的基础设施建设处于中等水平,而商业活动自由指数相对较低,因此存在一定的投资风险。土库曼斯坦、俄罗斯、格鲁吉亚、哈萨克斯坦等国家的投资环境指数也相对靠前。缅甸、希腊、波斯尼亚和黑塞哥维那、马尔代夫、塞尔维亚这几个国家因资源储量或基础设施水平较低而排名处于后列(见表2-3)。

表 2-3　能源与矿产投资环境指数

国家	油气资源储量	基础设施水平	商业活动自由指数	总分	排名
文莱	1.737	0.325	0.667	0.682	1
土库曼斯坦	1.937	0.086		0.674	2
阿拉伯联合酋长国	1.674	0.772	0.218	0.666	3
卡塔尔	1.926	0.560	0.136	0.656	4
伊朗	1.775	0.169		0.648	5
科威特	1.937	0.459	0.180	0.644	6
马来西亚	1.453	0.329	0.766	0.637	7
沙特阿拉伯	2.000	0.329	0.191	0.630	8
伊拉克	1.716	0.061		0.592	9
阿曼	1.842	0.368	0.081	0.573	10
俄罗斯	1.316	0.501	0.287	0.526	11
格鲁吉亚	0.863	0.186	0.899	0.487	12
印度尼西亚	1.189	0.246	0.485	0.480	13
哈萨克斯坦	1.316	0.218	0.325	0.465	14
吉尔吉斯斯坦	1.179	0.093	0.578	0.463	15
越南	1.074	0.210	0.565	0.462	16
新加坡	0.105	0.735	1.000	0.460	17
黎巴嫩	1.158	0.273	0.401	0.458	18
叙利亚	1.295	0.055		0.450	19
乌克兰	0.937	0.203	0.647	0.447	20
印度	1.011	0.350	0.421	0.445	21
亚美尼亚	0.800	0.185	0.794	0.445	22
菲律宾	1.063	0.224	0.468	0.439	23
摩尔多瓦	0.895	0.137	0.706	0.435	24
巴基斯坦	1.179	0.107	0.415	0.425	25
埃及	1.242	0.161	0.297	0.425	26
白俄罗斯	1.053	0.167	0.449	0.417	27

国家	油气资源储量	基础设施水平	商业活动自由指数	总分	排名
爱沙尼亚	0.632	0.420	0.607	0.415	28
斯里兰卡	0.832	0.176	0.601	0.402	29
波兰	0.674	0.298	0.607	0.395	30
不丹	1.074	0.109		0.394	31
乌兹别克斯坦	1.095	0.087		0.394	32
也门	1.432	0.112	0.015	0.390	33
巴林	0.922	0.459	0.158	0.385	34
泰国	0.811	0.252	0.471	0.383	35
拉脱维亚	0.611	0.302	0.607	0.380	36
塞浦路斯	0.474	0.436	0.607	0.379	37
约旦	0.832	0.204	0.456	0.373	38
匈牙利	0.505	0.327	0.607	0.360	39
保加利亚	0.600	0.223	0.607	0.357	40
立陶宛	0.516	0.295	0.607	0.354	41
捷克	0.411	0.360	0.607	0.344	42
以色列	0.189	0.339	0.777	0.326	43
黑山	0.484	0.340	0.462	0.322	44
罗马尼亚	0.495	0.177	0.607	0.320	45
克罗地亚	0.421	0.249	0.607	0.319	46
斯洛文尼亚	0.295	0.372	0.607	0.319	47
北马其顿	0.600	0.249	0.415	0.316	48
斯洛伐克	0.305	0.327	0.607	0.310	49
柬埔寨	0.758	0.176	0.302	0.309	50
蒙古国	1.105	0.109	0.013	0.307	51
尼泊尔	0.789	0.088		0.293	52
阿塞拜疆	0.895	0.201	0.062	0.289	53
塔吉克斯坦	0.779	0.059		0.279	54

续表

国家	油气资源储量	基础设施水平	商业活动自由指数	总分	排名
阿尔巴尼亚	0.316	0.213	0.572	0.275	55
阿富汗	1.042	0.040	0.018	0.275	56
土耳其	0.353	0.313	0.399	0.266	57
孟加拉国	0.800	0.078	0.166	0.261	58
老挝	0.695	0.071		0.255	59
缅甸	0.968	0.036	0.011	0.254	60
希腊	0.084	0.304	0.607	0.249	61
波斯尼亚和黑塞哥维那	0.579	0.134	0.255	0.242	62
马尔代夫	0.453	0.431	0.001	0.221	63
塞尔维亚	0.537	0.166	0.009	0.178	64

4. 环境保护投资环境评价结果

陆上丝绸之路主要经过中国和欧洲之间的欧亚大陆腹地,该地区普遍存在干旱、污染等生态问题,这已成为制约该地区发展的重要障碍。海上丝绸之路沿岸国家几乎全是发展中国家,海洋生态问题长期存在,如气候变化、自然海岸线大量丧失、陆源污染排放过量、生态灾害频发、渔业资源枯竭等。

具体到不同国家,由于部分国家"遭受干旱、洪水和极端天气人口比重"这一指标缺失,所以环境保护领域的投资环境指数评价受到限制。文莱和新加坡的环境问题并非出于自身的原因,而是因邻国印度尼西亚农民为开垦耕地、种植经济树种,每年都会"烧芭",即在热带雨林中放火烧出一片空地。这种垦荒方式虽然经济,但对环境破坏较大,造成空气污染。文莱和新加坡属于高收入国家,对生态环境有着较高的要求,因此排在前列。尽管印尼政府近年来为治理"烧芭"付出不少努力,但"烧芭"现象依然难以禁绝,年复一年发生。值得注意的是,"烧芭"行为仅发生在几个岛上,对领土较小的文莱和新加坡影响显著;而印尼自身由于领土、领海面积广阔,作为整体而言,其对环境保护的敏感度并不高,因此仅排在中部位置。

塞浦路斯、希腊因高温天气,森林火灾和洪涝灾害比较频繁,同时空气污染指数较高而位居前列。希腊夏季高温、干燥,再加上人为纵火等原因,每年都发生多起野火。近年来最严重的火灾发生在 2007 年,该年全国各地因火灾死亡的有 80 多人。以色列、卡塔尔则因干旱指数较高同时注重环境质量,而成为环保投资机会较多的地区。中亚、西亚国家因缺水而导致的环境问题较多,而巴基斯坦、塔吉克斯坦、柬埔寨、印度、孟加拉国因人均收入较低,环境保护尚不是民众和政府迫切需要解决的问题,因此环保领域的投资机会有限(见表 2-4)。

表 2-4 环境保护投资环境指数

国家	PM2.5 污染	遭受干旱、洪水和极端天气人口比重	人均国民收入	总分	排名
文莱	0.975		0.431	0.703	1
新加坡	0.818		0.579	0.698	2
塞浦路斯	0.822	1.000	0.267	0.696	3
希腊	0.846	0.999	0.224	0.690	4
以色列	0.619	1.000	0.404	0.674	5
卡塔尔	0.344		1.000	0.672	6
斯洛伐克	0.834	0.993	0.186	0.671	7
克罗地亚	0.878	1.000	0.133	0.670	8
捷克	0.820	0.977	0.189	0.662	9
俄罗斯	0.871	0.980	0.127	0.659	10
匈牙利	0.838	0.987	0.137	0.654	11
马来西亚	0.867	0.985	0.107	0.653	12
白俄罗斯	0.885	0.997	0.077	0.653	13
哈萨克斯坦	0.871	0.967	0.113	0.650	14
波兰	0.811	0.995	0.140	0.649	15
黑山	0.855	0.998	0.073	0.642	16
保加利亚	0.834	0.999	0.076	0.636	17
菲律宾	0.994	0.879	0.030	0.634	18

国家	PM2.5 污染	遭受干旱、洪水和极端天气人口比重	人均国民收入	总分	排名
罗马尼亚	0.815	0.987	0.100	0.634	19
塞尔维亚	0.837	0.998	0.057	0.631	20
土耳其	0.806	0.980	0.104	0.630	21
印度尼西亚	0.859	0.976	0.029	0.622	22
波黑	0.884	0.926	0.046	0.619	23
乌克兰	0.852	0.960	0.024	0.612	24
北马其顿	0.811	0.954	0.050	0.605	25
爱沙尼亚	0.983		0.205	0.594	26
摩尔多瓦	0.809	0.948	0.016	0.591	27
格鲁吉亚	0.843	0.884	0.037	0.588	28
亚美尼亚	0.794	0.928	0.034	0.585	29
黎巴嫩	0.667	0.997	0.081	0.582	30
斯洛文尼亚	0.884		0.251	0.568	31
蒙古国	1.000	0.615	0.034	0.550	32
阿塞拜疆	0.728	0.834	0.075	0.546	33
乌兹别克斯坦	0.624	0.981	0.017	0.541	34
拉脱维亚	0.919		0.162	0.541	35
科威特	0.109	1.000	0.506	0.538	36
约旦	0.622	0.944	0.044	0.537	37
叙利亚	0.668	0.924	0.012	0.534	38
不丹	0.568	0.998	0.019	0.528	39
立陶宛	0.882		0.164	0.523	40
阿富汗	0.708	0.841	0.000	0.516	41
缅甸	0.550	0.986	0.006	0.514	42
伊拉克	0.471	0.998	0.052	0.507	43
斯里兰卡	0.807	0.675	0.031	0.504	44

国家	PM2.5污染	遭受干旱、洪水和极端天气人口比重	人均国民收入	总分	排名
吉尔吉斯斯坦	0.781	0.689	0.006	0.492	45
埃及	0.387	0.998	0.026	0.470	46
越南	0.626	0.759	0.013	0.466	47
也门	0.391	0.985	0.007	0.461	48
土库曼斯坦	0.272	1.000	0.084	0.452	49
沙特阿拉伯	0.000	0.999	0.261	0,420	50
老挝	0.582	0.595	0.011	0.396	51
泰国	0.694	0.435	0.054	0.394	52
阿拉伯联合酋长国	0.288		0.468	0.378	53
阿尔巴尼亚	0.834	0.207	0.043	0.361	54
伊朗	0.485	0.540	0.052	0.359	55
尼泊尔	0.175	0.894	0.000	0.357	56
马尔代夫		0.995	0.072	0.356	57
阿曼	0.519		0.192	0.355	58
巴基斯坦	0.173	0.841	0.008	0.341	59
塔吉克斯坦	0.753	0.191	0.010	0.318	60
柬埔寨	0.751	0.000	0.004	0.252	61
巴林	0.229		0.216	0.223	62
印度	0.162	0.344	0.010	0.172	63
孟加拉国	0.126	0.310	0.005	0.147	64

在环境保护领域的国际合作中,中国不会以经济利益换取宝贵的资源、环境和生态价值,而是充分考虑各国人民对良好生态环境的期待,与合作伙伴共同探索经济效益与生态效益并重的合作模式。中国与"一带一路"沿线许多国家处在相似发展阶段,通过互学互鉴,必将在促进各国加快经济发展的同时,

推进生态文明建设。

5. 物流与电子商务投资环境评价结果

物流与电子商务领域的投资环境评价中,新加坡的信息化水平、基础设施水平和对外贸易的投资环境指数均居于领先地位。阿联酋、卡塔尔、爱沙尼亚紧随其后。中东欧国家、中亚和部分东南亚国家居于中间位置。尼泊尔、孟加拉国、阿富汗、缅甸因经济欠发达,信息化水平、基础设施水平和对外贸易均落后于"一带一路"沿线国家的平均水平,因此排名靠后(见表2-5)。

表2-5 物流与电子商务投资环境指数

国家	信息化水平	基础设施水平	对外贸易	总分	排名
新加坡	0.894	0.735	1.000	0.876	1
阿拉伯联合酋长国	0.988	0.772	0.443	0.734	2
卡塔尔	1.000	0.560	0.212	0.591	3
爱沙尼亚	0.919	0.420	0.423	0.587	4
巴林	0.995	0.459	0.265	0.573	5
斯洛伐克	0.871	0.327	0.460	0.553	6
捷克	0.868	0.360	0.353	0.527	7
匈牙利	0.828	0.327	0.414	0.523	8
科威特	0.857	0.459	0.197	0.504	9
斯洛文尼亚	0.777	0.372	0.341	0.497	10
立陶宛	0.783	0.295	0.409	0.496	11
马尔代夫	0.528	0.431	0.482	0.480	12
阿曼	0.762	0.368	0.294	0.475	13
拉脱维亚	0.825	0.302	0.277	0.468	14
马来西亚	0.732	0.329	0.335	0.465	15
塞浦路斯	0.752	0.436	0.202	0.463	16
黎巴嫩	0.812	0.273	0.269	0.452	17
俄罗斯	0.765	0.501	0.055	0.441	18

国家	信息化水平	基础设施水平	对外贸易	总分	排名
文莱	0.746	0.325	0.231	0.434	19
黑山	0.659	0.340	0.213	0.404	20
以色列	0.776	0.339	0.096	0.404	21
北马其顿	0.738	0.249	0.222	0.403	22
波兰	0.722	0.298	0.176	0.398	23
沙特阿拉伯	0.689	0.329	0.152	0.390	24
克罗地亚	0.744	0.249	0.160	0.384	25
保加利亚	0.597	0.223	0.310	0.377	26
越南	0.517	0.210	0.403	0.377	27
希腊	0.684	0.304	0.094	0.361	28
白俄罗斯	0.637	0.167	0.277	0.360	29
阿尔巴尼亚	0.649	0.213	0.170	0.344	30
阿塞拜疆	0.659	0.201	0.129	0.330	31
波斯尼亚和黑塞哥维那	0.657	0.134	0.172	0.321	32
土耳其	0.547	0.313	0.075	0.312	33
塞尔维亚	0.575	0.166	0.183	0.308	34
泰国	0.367	0.252	0.305	0.308	35
约旦	0.469	0.204	0.248	0.307	36
格鲁吉亚	0.524	0.186	0.211	0.307	37
摩尔多瓦	0.498	0.137	0.277	0.304	38
哈萨克斯坦	0.591	0.218	0.101	0.303	39
罗马尼亚	0.581	0.177	0.143	0.300	40
乌克兰	0.462	0.203	0.189	0.285	41
亚美尼亚	0.494	0.185	0.132	0.271	42
菲律宾	0.421	0.224	0.082	0.242	43

国家	信息化水平	基础设施水平	对外贸易	总分	排名
吉尔吉斯斯坦	0.293	0.093	0.308	0.232	44
不丹	0.361	0.109	0.213	0.228	45
斯里兰卡	0.265	0.176	0.000	0.220	46
伊朗	0.417	0.169	0.043	0.209	47
乌兹别克斯坦	0.464	0.087	0.077	0.209	48
蒙古国	0.279	0.109	0.206	0.198	49
印度	0.178	0.350	0.061	0.196	50
柬埔寨	0.077	0.176	0.290	0.181	51
埃及	0.331	0.161	0.029	0.174	52
叙利亚	0.291	0.055	0.000	0.173	53
也门	0.229	0.112	0.000	0.170	54
印度尼西亚	0.168	0.246	0.047	0.154	55
塔吉克斯坦	0.172	0.059	0.166	0.132	56
老挝	0.136	0.071	0.153	0.120	57
巴基斯坦	0.131	0.107	0.000	0.119	58
土库曼斯坦	0.113	0.086	0.000	0.099	59
尼泊尔	0.149	0.088	0.045	0.094	60
伊拉克	0.103	0.061	0.105	0.090	61
孟加拉国	0.084	0.078	0.040	0.067	62
阿富汗	0.048	0.040	0.070	0.053	63
缅甸	0.000	0.036	0.000	0.018	64

　　跨境物流业的发展与基础设施建设密切相关。虽然我国与中亚国家在互联互通基础设施方面有了很大进展,但是相对运输需求的增长还有很大的差距,比如:我国与中亚国家铁路技术标准不统一,道路运输运力有限,除了在铁路、公路等主要交通基础设施上实现了基本连接以外,其他方面的基础设施连接情况相对较差;在民航方面,中国具备与中亚国家通航条件的大型机场少,直航线路少,这都严重影响物流的快速发展。

发展与"一带一路"沿线国家的物流业,对我国自身的经济发展有重要意义。我国是物流大国,铁路货物发送量、铁路货物周转量、港口吞吐量、道路货运量、海港集装箱吞吐量、电子商务市场规模、高速铁路和高速公路里程等均居世界第一,航空货运量和快递量居世界第二。数据显示,2014年,我国快递业务量达140亿件,跃居世界第一,同比增长52%,最高日处理量超过1亿件。但是,我国物流行业的整体效率不高。在发达国家,物流成本平均占成品最终成本的10%~15%,在发展中国家,各种低效现象导致物流成本显著增高,占成品成本的15%~25%甚至更高。而对中国的制造商而言,物流成本高达生产成本的30%~40%。我国的社会物流总费用占GDP比重为18%,不仅高于美国、日本、德国等经济发达国家,而且跟经济发展水平基本相当的金砖国家相比也偏高,例如印度为13%,巴西为11.6%。社会物流总费用占GDP比重是衡量物流效率的标志,该比重越低,表明单位GDP消耗物流资源越少,物流效率越高,国家的经济整体竞争力越强。

物流效率低下的原因,除了产业布局不合理导致商品需要长距离、大规模运输,以及企业供、产、销各环节衔接不科学而增加仓储成本外,货运需求与运力资源没有得到有效的整合与匹配是重要原因。美国一辆货车有效行驶里程平均每天达1000千米,而我国货车由于找货、配货时间长,空载率高达40%以上,有效行驶里程平均每天只有300千米。我国物流业的组织化、专业化、信息化程度低,物流企业多、小、散、弱的格局一直存在。

利用新一代信息技术是促进物流业发展的有效途径。物联网、云计算、移动互联网等技术的蓬勃发展,正推动着中国智能物流的变革。供应链一体化的融合是物流发展的趋势。为此,需要整合"一带一路"沿线国家的城市区位和资源优势,共同推动区域特色产业园区,以及商贸物流、电子商务为一体的大型现代区域性跨境电商园区的建设,利用跨境产业园合作区域打造城市间产业合作新平台,共同推进跨境电商物流的发展。2015年我国跨境电商的交易额约5.4万亿元,同比增长34%,预计至2020年,全球网购人数将超过20亿人,约占全球目标消费人群的60%,中国跨境电商交易规模将达12万亿元,约占中国进出口总额的37.6%。

6. 农业投资环境评价结果

农业投资环境指数需从两个角度进行解读：在农业技术或对外开放程度方面，以色列、文莱、新加坡等国家领先，但这些国家人均耕地面积极少。在人均耕地面积方面，哈萨克斯坦、立陶宛、拉脱维亚、俄罗斯、黑山等国家具有优势，但这些国家在农业领域的对外开放程度不高，外资进入农业面临一定的限制。西亚、南亚和部分东南亚国家，人均耕地面积少，且农业技术不占优势，因此投资环境较差（见表2-6，尼泊尔数据缺失）。

表 2-6　农业投资环境指数

国家	人均耕地面积	科技研发水平	最惠国待遇进口农产品比重	总分	排名
以色列	0.038	1.000	0.612	0.550	1
文莱	0.029		0.998	0.514	2
立陶宛	0.841	0.214	0.469	0.508	3
新加坡	0.000	0.520	1.000	0.507	4
拉脱维亚	0.748	0.164	0.469	0.460	5
爱沙尼亚	0.328	0.568	0.469	0.455	6
哈萨克斯坦	1.000	0.030	0.122	0.384	7
匈牙利	0.390	0.287	0.469	0.382	8
马来西亚	0.197	0.253	0.689	0.380	9
斯洛文尼亚	0.078	0.588	0.469	0.378	10
俄罗斯	0.692	0.260	0.159	0.370	11
乌克兰	0.601	0.173	0.332	0.368	12
捷克	0.246	0.375	0.469	0.363	13
约旦	0.043		0.661	0.352	14
土库曼斯坦	0.335			0.335	15
保加利亚	0.398	0.126	0.469	0.331	16
罗马尼亚	0.395	0.115	0.469	0.326	17
克罗地亚	0.300	0.176	0.469	0.315	18
波兰	0.261	0.176	0.469	0.302	19

国家	人均耕地面积	科技研发水平	最惠国待遇进口农产品比重	总分	排名
希腊	0.279	0.156	0.469	0.302	20
沙特阿拉伯	0.094		0.500	0.297	21
黑山	0.692	0.092	0.092	0.292	22
斯洛伐克	0.230	0.156	0.469	0.285	23
白俄罗斯	0.481	0.164	0.148	0.264	24
印度尼西亚	0.101		0.418	0.260	25
埃及	0.029	0.122	0.627	0.259	26
摩尔多瓦	0.477	0.091	0.183	0.251	27
土耳其	0.258	0.203	0.273	0.245	28
叙利亚	0.234			0.234	29
黎巴嫩	0.041		0.424	0.233	30
塞浦路斯	0.095	0.104	0.469	0.223	31
伊朗	0.222			0.222	32
也门	0.048		0.386	0.217	33
阿塞拜疆	0.162	0.043	0.416	0.207	34
吉尔吉斯斯坦	0.174	0.030	0.408	0.204	35
波斯尼亚和黑塞哥维那	0.232		0.170	0.201	36
格鲁吉亚	0.215		0.388	0.201	37
阿拉伯联合酋长国	0.022	0.112	0.457	0.197	38
柬埔寨	0.188		0.204	0.196	39
卡塔尔	0.007		0.378	0.193	40
阿富汗	0.192			0.192	41
越南	0.075	0.038	0.453	0.189	42
亚美尼亚	0.142	0.058	0.320	0.173	43
巴基斯坦	0.082	0.072	0.355	0.170	44
孟加拉国	0.038		0.283	0.161	45
塞尔维亚	0.303	0.170	0.002	0.158	46

国家	人均耕地面积	科技研发水平	最惠国待遇进口农产品比重	总分	排名
阿尔巴尼亚	0.184		0.131	0.158	47
北马其顿	0.228	0.046	0.190	0.155	48
泰国	0.208	0.087	0.145	0.147	49
科威特	0.003	0.016	0.412	0.144	50
不丹	0.131			0.131	51
阿曼	0.009	0.025	0.354	0.129	52
乌兹别克斯坦	0.127			0.127	53
伊拉克	0.127			0.127	54
蒙古国	0.315	0.048	0.001	0.122	55
印度	0.093	0.194	0.071	0.119	56
斯里兰卡	0.073		0.158	0.115	57
巴林	0.003	0.001	0.338	0.114	58
缅甸	0.157		0.001	0.079	59
马尔代夫	0.028		0.122	0.075	60
老挝	0.117			0.058	61
菲律宾	0.083		0.022	0.053	62
塔吉克斯坦	0.098			0.049	63
尼泊尔					

目前我国对外农业投资主要集中在亚非发展中国家和大洋洲,东盟、俄罗斯和部分非洲国家是重点投资区域。2014 年,中国对亚洲各国农业投资的粮食作物总产量 53.4 万吨,经济作物总产量 41.5 万吨;非洲粮食作物总产量 7.9 万吨,经济作物总产量 177.2 万吨;欧洲粮食作物总产量 52 万吨,经济作物总产量 50.3 万吨;大洋洲粮食作物总产量 11.5 万吨,经济作物总产量 3.9 万吨,其中一半以上的产品是在当地销售的。可见,我国在农业领域的对外投资上还有很大的潜力。

2015 年我国粮食总产量达 6.21 亿吨,实现了"十二连增"。同时,海关数据显示,2015 年我国进口粮食总产量也再创新高,达到 1.2477 万吨,同比增加了 24.2%。

一边是国内粮食产量连年增加，一边却是进口总量连年暴涨，这已成为近年来我国粮食市场的基本特征。目前中国的土地自给率只有 80%，在农业资源超载运行、环境代价高昂的条件下，只能满足国内 90% 的谷物、油料等农产品需求。而如果从国际市场进口 10% 的农产品，则相当于用国外农业资源补充 20% 的国内耕地资源。

中国农业海外投资已经开展了几十年，根据农业部数据，目前中国农业对外累计投资总额 39.56 亿美元，共有 373 家境内投资机构在境外投资设立了 443 家农业企业。央企投资额总计 1.61 亿美元，占 4.1%，其余为地方国企、农垦集团和民企。总体上看，我国农业对外投资额较低，还有很大的发展空间。

7. 教科文卫投资环境评价结果

俄罗斯、马来西亚、以色列、新加坡与中国在经贸、文化上的交流密切，因此排在教科文卫投资环境指数的前列。越南、菲律宾虽然与中国在南海问题上存在分歧，但双边贸易、投资和人员往来仍然十分活跃。东欧、东盟、中亚、西亚国家排在后面。波斯尼亚和黑塞哥维那、阿尔巴尼亚、马尔代夫则因经济联系相对较少、政治稳定性差而排名居后（见表 2-7，也门数据缺失）。

表 2-7　教科文卫投资环境指数

国家	公共教育支出比重	研发经费比重	对华贸易量	总分	排名
俄罗斯		0.260	0.934	0.597	1
马来西亚	0.466	0.253	1.000	0.573	2
以色列	0.525	1.000	0.107	0.544	3
新加坡	0.197	0.520	0.782	0.500	4
越南	0.622	0.038	0.820	0.493	5
沙特阿拉伯			0.477	0.477	6
菲律宾			0.436	0.436	7
伊朗	0.351		0.508	0.430	8
塞浦路斯	0.754	0.104		0.429	9

国家	公共教育支出比重	研发经费比重	对华贸易量	总分	排名
印度尼西亚	0.182		0.623	0.403	10
斯洛文尼亚	0.526	0.588	0.023	0.379	11
印度	0.226	0.194	0.692	0.370	12
爱沙尼亚	0.521	0.568	0.013	0.367	13
摩尔多瓦	1.000	0.091	0.001	0.364	14
泰国	0.284	0.087	0.712	0.361	15
阿拉伯联合酋长国		0.112	0.537	0.325	16
伊拉克			0.279	0.279	17
捷克	0.326	0.375	0.108	0.270	18
波兰	0.463	0.176	0.168	0.269	19
匈牙利	0.426	0.287	0.088	0.267	20
缅甸			0.245	0.245	21
立陶宛	0.498	0.214	0.018	0.243	22
白俄罗斯	0.505	0.164	0.018	0.229	23
尼泊尔	0.412		0.023	0.218	24
土耳其		0.203	0.226	0.214	25
吉尔吉斯斯坦	0.560	0.030	0.052	0.214	26
拉脱维亚	0.454	0.164	0.014	0.211	27
蒙古国	0.502	0.048	0.072	0.207	28
阿富汗	0.385		0.004	0.194	29
塞尔维亚	0.395	0.170	0.005	0.190	30
斯洛伐克	0.335	0.156	0.061	0.184	31
克罗地亚	0.350	0.176	0.011	0.179	32
不丹	0.320		0.000	0.160	33
希腊		0.156		0.156	34
保加利亚	0.319	0.126	0.021	0.155	35
阿曼		0.025	0.253	0.139	36

国家	公共教育支出比重	研发经费比重	对华贸易量	总分	排名
罗马尼亚	0.253	0.115	0.046	0.138	37
乌克兰		0.173	0.084	0.128	38
哈萨克斯坦		0.030	0.220	0.125	39
孟加拉国			0.123	0.123	40
塔吉克斯坦	0.317	0.021	0.025	0.121	41
埃及		0.122	0.114	0.118	42
巴基斯坦	0.088	0.072	0.157	0.106	43
卡塔尔			0.104	0.104	44
土库曼斯坦			0.103	0.103	45
老挝	0.153		0.035	0.094	46
亚美尼亚	0.216	0.058	0.003	0.092	47
柬埔寨	0.130		0.037	0.083	48
科威特		0.016	0.132	0.074	49
阿塞拜疆	0.154	0.043	0.009	0.069	50
黑山		0.092	0.002	0.047	51
斯里兰卡	0.045		0.040	0.042	52
乌兹别克斯坦			0.042	0.042	53
文莱	0.055		0.019	0.037	54
约旦			0.035	0.035	55
北马其顿		0.046	0.002	0.024	56
黎巴嫩	0.000		0.026	0.013	57
叙利亚			0.010	0.010	58
格鲁吉亚			0.009	0.009	59
巴林		0.001	0.014	0.007	60
波斯尼亚和黑塞哥维那			0.003	0.003	61
阿尔巴尼亚			0.005	0.002	62
马尔代夫			0.001	0.001	63
也门					

(二)政治与法律投资环境评价结果

1. 政治环境评价结果

新加坡、斯洛文尼亚、爱沙尼亚、波兰、立陶宛等国家的政治稳定,社会管理规范有序,清廉指数较高,能够保障外来投资者的权益。中东欧其他国家次之。以色列虽然经济发达,但因与巴勒斯坦长期处于冲突状态,因此政治环境指数仅排在第24位。东南亚、中亚、西亚的政治环境指数居中,也门、伊拉克、叙利亚、阿富汗因战乱和社会管理失序排在最后(见表2-8)。

表 2-8　政治环境指数

国家	政治稳定性	社会安全管理	清廉指数	总分	排名
新加坡	0.836	1.000	1.000	0.945	1
斯洛文尼亚	1.000	0.940	0.662	0.868	2
爱沙尼亚	0.918	0.821	0.797	0.846	3
波兰	0.918	0.917	0.689	0.841	4
立陶宛	0.918	0.833	0.676	0.809	5
斯洛伐克	0.849	0.917	0.541	0.769	6
捷克	0.781	0.881	0.608	0.757	7
卡塔尔	0.534	0.893	0.811	0.746	8
拉脱维亚	0.822	0.774	0.595	0.730	9
克罗地亚	0.890	0.714	0.541	0.715	10
阿拉伯联合酋长国	0.452	0.821	0.797	0.690	11
不丹	0.671	0.595	0.730	0.665	12
塞浦路斯	0.630	0.667	0.676	0.657	13
黑山	0.808	0.714	0.446	0.656	14
匈牙利	0.452	0.905	0.541	0.632	15
罗马尼亚	0.589	0.774	0.473	0.612	16
蒙古国	0.740	0.714	0.378	0.611	17
保加利亚	0.671	0.702	0.405	0.593	18
约旦	0.521	0.536	0.568	0.541	19

国家	政治稳定性	社会安全管理	清廉指数	总分	排名
科威特	0.356	0.726	0.514	0.532	20
希腊	0.466	0.655	0.473	0.531	21
北马其顿	0.603	0.548	0.419	0.523	22
阿曼	0.452	0.631	0.459	0.514	23
以色列	0.493	0.357	0.676	0.509	24
阿尔巴尼亚	0.507	0.631	0.338	0.492	25
塞尔维亚	0.575	0.476	0.392	0.481	26
印度尼西亚	0.589	0.452	0.338	0.460	27
马来西亚	0.411	0.381	0.527	0.440	28
亚美尼亚	0.397	0.560	0.324	0.427	29
沙特阿拉伯	0.288	0.429	0.554	0.423	30
印度	0.644	0.250	0.365	0.420	31
波斯尼亚和黑塞哥维那	0.397	0.452	0.365	0.405	32
摩尔多瓦	0.493	0.405	0.297	0.398	33
土耳其	0.493	0.274	0.419	0.395	34
巴林	0.205	0.393	0.541	0.380	35
越南	0.247	0.583	0.270	0.367	36
格鲁吉亚	0.151	0.321	0.554	0.342	37
哈萨克斯坦	0.260	0.512	0.230	0.334	38
尼泊尔	0.384	0.357	0.216	0.319	39
吉尔吉斯斯坦	0.288	0.381	0.230	0.299	40
白俄罗斯	0.178	0.405	0.284	0.289	41
斯里兰卡	0.260	0.250	0.351	0.287	42
阿塞拜疆	0.178	0.393	0.243	0.271	43
老挝	0.123	0.476	0.189	0.263	44
文莱	0.260	0.524		0.261	45
菲律宾	0.329	0.107	0.324	0.253	46

国家	政治稳定性	社会安全管理	清廉指数	总分	排名
泰国	0.260	0.131	0.365	0.252	47
柬埔寨	0.205	0.393	0.135	0.244	48
埃及	0.164	0.214	0.338	0.239	49
塔吉克斯坦	0.110	0.381	0.203	0.231	50
黎巴嫩	0.288	0.143	0.230	0.220	51
乌克兰	0.192	0.250	0.216	0.219	52
马尔代夫	0.192	0.464		0.219	53
孟加拉国	0.192	0.274	0.189	0.218	54
俄罗斯	0.274	0.107	0.243	0.208	55
伊朗	0.137	0.238	0.216	0.197	56
土库曼斯坦	0.027	0.381	0.095	0.168	57
巴基斯坦	0.178	0.048	0.257	0.161	58
缅甸	0.123	0.202	0.149	0.158	59
乌兹别克斯坦	0.041	0.286	0.108	0.145	60
也门	0.082	0.000	0.095	0.059	61
伊拉克	0.096	0.000	0.068	0.054	62
叙利亚	0.000	0.000	0.095	0.032	63
阿富汗	0.027	0.000	0.000	0.009	64

"一带一路"沿线是大国角力的地区,因不同文化、宗教和国家利益产生的冲突长期存在。某些地区性大国出于本国战略利益的需要,对中国"一带一路"倡议持消极态度。暴力恐怖势力、宗教极端势力、民族分裂势力等三股极端势力成为影响"一带一路"建设的不稳定因素,而各国对打击这三股极端势力并没有形成合力。中国需强调"一带一路"是经济合作倡议,积极通过各种渠道加强对美政界、学界、商界等的公共外交,强调"一带一路"倡议的合作性、开放性、非排他性和互利共赢性,淡化零和博弈。

2. 法制环境评价结果

新加坡、黑山、格鲁吉亚、马来西亚的法制环境指数领先于其他国家,中东欧其他国家次之,俄罗斯、吉尔吉斯斯坦、哈萨克斯坦、乌兹别克斯坦的法制环境指数居中,东南亚国家的法制环境指数排名较为靠后,马尔代夫、巴基斯坦、伊拉克、缅甸的法治环境指数排在最后(见表 2-9,土库曼斯坦的数据缺失)。

表 2-9　法制环境指数

国家	进口关税占总税收收入比重	商业活动自由指数	法律权益强度指数	总分	排名
新加坡	1.000	1.000	0.636	0.879	1
黑山		0.744	1.000	0.872	2
格鲁吉亚	0.983	0.869	0.727	0.860	3
马来西亚	0.981	0.903	0.545	0.810	4
罗马尼亚		0.795	0.818	0.807	5
拉脱维亚		0.881	0.727	0.804	6
匈牙利		0.767	0.818	0.793	7
北马其顿	0.902	0.938	0.455	0.765	8
保加利亚		0.790	0.727	0.759	9
摩尔多瓦	0.925	0.710	0.636	0.757	10
爱沙尼亚		0.915	0.545	0.730	11
以色列	0.987	0.705	0.455	0.715	12
乌克兰	0.954	0.534	0.636	0.708	13
波兰		0.864	0.545	0.705	14
亚美尼亚	0.935	0.807	0.364	0.702	15
波斯尼亚和黑塞哥维那	1.000	0.557	0.545	0.701	16
俄罗斯	0.929	0.716	0.455	0.700	17
斯洛伐克		0.841	0.545	0.693	18
吉尔吉斯斯坦	0.787	0.625	0.636	0.683	19
立陶宛		0.892	0.455	0.673	20
捷克		0.801	0.545	0.673	21
柬埔寨	0.784	0.284	0.909	0.659	22

国家	进口关税占总税收收入比重	商业活动自由指数	法律权益强度指数	总分	排名
塞尔维亚	0.940	0.670	0.364	0.658	23
阿尔巴尼亚	0.962	0.455	0.545	0.654	24
哈萨克斯坦	0.913	0.773	0.273	0.653	25
塞浦路斯		0.739	0.545	0.642	26
乌兹别克斯坦	0.957	0.511	0.455	0.641	27
蒙古国	0.862	0.688	0.364	0.638	28
阿富汗	0.547		0.727	0.637	29
巴林		0.636		0.636	30
约旦	0.896	0.364		0.630	31
阿拉伯联合酋长国	0.959	0.830	0.091	0.627	32
阿曼	0.636	0.608		0.622	33
土耳其	0.977	0.693	0.182	0.617	34
不丹	0.973	0.602	0.273	0.616	35
泰国	0.938	0.727	0.182	0.616	36
白俄罗斯	0.884	0.756	0.091	0.577	37
印度尼西亚	0.967	0.386	0.364	0.572	38
克罗地亚		0.778	0.364	0.571	39
阿塞拜疆	0.956	0.648	0.091	0.565	40
老挝	0.881	0.244	0.455	0.527	41
越南		0.494	0.545	0.520	42
卡塔尔	0.936	0.619	0.000	0.518	43
斯洛文尼亚		0.841	0.182	0.511	44
印度	0.800	0.267	0.455	0.507	45
斯里兰卡	0.781	0.398	0.182	0.454	46
尼泊尔		0.443	0.455	0.449	47
菲律宾	0.742	0.420	0.182	0.448	48

国家	进口关税占总税收收入比重	商业活动自由指数	法律权益强度指数	总分	排名
叙利亚	0.872	0.011		0.442	49
黎巴嫩	0.902	0.307	0.091	0.433	50
也门	0.814	0.040		0.427	51
希腊		0.665	0.182	0.423	52
埃及	0.911	0.261	0.091	0.421	53
文莱		0.528	0.273	0.401	54
伊朗	0.764	0.335	0.091	0.397	55
孟加拉国	0.646	0.017	0.455	0.372	56
沙特阿拉伯		0.540	0.091	0.315	57
塔吉克斯坦		0.256		0.256	58
科威特	0.132	0.432	0.091	0.218	59
马尔代夫	0.244	0.278	0.091	0.204	60
巴基斯坦		0.222	0.182	0.202	61
伊拉克		0.091		0.091	62
缅甸		0.057	0.091	0.074	63
土库曼斯坦					

整体上看,"一带一路"沿线国家大多属于新兴经济体及发展中国家,有些国家法律制度并不完善,执法随意性和变化较大,或者通过颁布法律对境外投资者的跨国并购投资设置特别条件,在程序上予以限制,导致企业的海外投资风险增加。由于沿线各国经济发展水平及民族、文化的差异,还需要特别关注知识产权、劳动用工、环境保护、税收、贸易保护方面的法律风险。

(三)投资环境综合评价

投资环境综合评价中,分行业的投资环境指标权重为60%,政治和法制指标各占20%权重。立陶宛、爱沙尼亚、摩尔多瓦、拉脱维亚的投资环境总体最佳,这些国家经济水平相对较高,对新增投资有一定需求,且政治、法制环境优越,对外来投资者有一定保障。新加坡、波兰、匈牙利、斯洛伐克等国家经济水平较高,对基础设施、制造业、能源矿产、农业的外来投资需求有限,投资机会相对较少。蒙古国、吉尔吉斯斯坦、格鲁吉亚和其他独联体国家投资环境位于中上水平,一方面,这些国家急需外来资金来发展经济;另一方面,法制不健全、社会治理方面的问题制约了外来投资的经济利益。尼泊尔、希腊、缅甸、马尔代夫、阿富汗的投资环境整体较差(见表2-10)。

表 2-10　投资环境综合指数

国家	综合得分	排名
立陶宛	0.583	1
爱沙尼亚	0.579	2
摩尔多瓦	0.578	3
拉脱维亚	0.575	4
蒙古国	0.570	5
吉尔吉斯斯坦	0.569	6
马来西亚	0.568	7
新加坡	0.568	8
波兰	0.554	9
黑山	0.551	10
格鲁吉亚	0.550	11
匈牙利	0.549	12
斯洛伐克	0.544	13
罗马尼亚	0.539	14
保加利亚	0.534	15
阿拉伯联合酋长国	0.520	16
土库曼斯坦	0.518	17
捷克	0.517	18
亚美尼亚	0.510	19
约旦	0.505	20
越南	0.501	21
不丹	0.501	22

国家	综合得分	排名
哈萨克斯坦	0.499	23
北马其顿	0.494	24
阿曼	0.490	25
印度尼西亚	0.485	26
斯洛文尼亚	0.481	27
卡塔尔	0.480	28
乌兹别克斯坦	0.475	29
乌克兰	0.473	30
克罗地亚	0.470	31
白俄罗斯	0.464	32
柬埔寨	0.461	33
塞尔维亚	0.451	34
印度	0.449	35
阿尔巴尼亚	0.448	36
波斯尼亚和黑塞哥维那	0.446	37
巴林	0.441	38
阿塞拜疆	0.439	39
菲律宾	0.438	40
以色列	0.438	41
泰国	0.428	42
塞浦路斯	0.428	43
老挝	0.427	44
俄罗斯	0.420	45
沙特阿拉伯	0.415	46
斯里兰卡	0.414	47
土耳其	0.406	48
塔吉克斯坦	0.404	49

国家	综合得分	排名
巴基斯坦	0.389	50
伊朗	0.385	51
科威特	0.383	52
埃及	0.378	53
文莱	0.373	54
黎巴嫩	0.365	55
孟加拉国	0.362	56
伊拉克	0.347	57
叙利亚	0.338	58
也门	0.338	59
尼泊尔	0.338	60
希腊	0.337	61
缅甸	0.305	62
马尔代夫	0.295	63
阿富汗	0.286	64

由于本研究所使用的方法、指标和数据存在一定的局限,因而在实际的投资活动中,本研究的评价结果仅供参考。在此需要强调的是,投资环境的诸多方面具有动态性(例如经济波动、政权的更替、战争的爆发和自然灾害的突发等),在这样变化的环境中,数据的跟进总是滞后的,因此还需要投资方根据具体的情况选择合适的投资战略。

第三章 "一带一路"建设成效评估指数研究

一、中国与"一带一路"沿线国家的贸易情况

贸易畅通是"一带一路"建设的重点内容,自"一带一路"倡议提出以来,中国与"一带一路"沿线国家贸易合作取得丰硕成果:一方面,贸易领域逐步拓宽,贸易结构进一步优化,贸易新增长点不断涌现,相比对全球贸易,中国和沿线国家的贸易略好;另一方面,受国际贸易形势的影响,中国和沿线国家的贸易增速波动较大。

(一)2013—2016 年中国的对外贸易状况

受国际金融危机的影响,全球经济在过去几年仍处于低位。受全球经济低迷、国际市场大宗商品价格下跌等因素的影响,2014—2016 年中国与全球的贸易总额、出口额和进口额均有所下降。如图 3-1 所示。

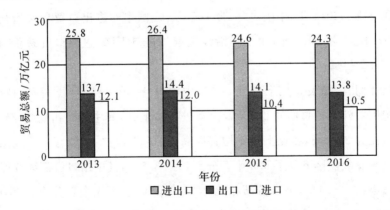

图 3-1 2013—2016 年中国对外贸易情况

数据来源:海关总署。

图 3-1 显示,2013 年至 2016 年,中国对外贸易总额整体呈下跌态势。2013 年中国进出口贸易总额为 25.8 万亿元人民币,2014 年中国进出口贸易总额为 26.4 万亿元,同比增长 2.3％;2015 年,中国进出口贸易总额为 24.6 万亿元,同比下降 6.8％;2016 年,中国进出口贸易总额为 24.3 万亿元,同比下降 1.2％。

从进出口贸易整体来看,出口情况好于进口,在进出口数额上出口好于进口,但在增速上进口有反超出口的趋势。2013 年,中国对外出口总额达 13.7 万亿元,进口总额为 12.1 万亿元;2014 年出口总额为 14.4 万亿元,进口总额为 12.0 万亿元,出口总额增长 5.1％,进口总额下降 0.8％;2015 年,中国对外出口总额达 14.1 万亿元,进口总额为 10.4 万亿元,出口同比下降 2.1％,进口同比下降 13.3％;2016 年,中国对外出口总额达 13.8 万亿元,同比下降 2.1％,进口总额为 10.5 万亿元,同比增长 1.0％。

(二)2013—2016 年中国与"一带一路"沿线国家的贸易概况

1. 贸易比重有所上升

从图 3-2 来看,中国与"一带一路"沿线国家贸易额超过中国对外贸易总额的五分之一,整体上呈现上升趋势,从 2013 年的 22.6％,上升至 2016 年的 23.7％。对"一带一路"沿线国家的出口相对进口占比更高,出口份额比进口份额高 2 个百分点左右。而且出口份额所占比重提升较为明显,进口份额相反有所下降。2014 年,中国对"一带一路"沿线国家的进出口贸易额增长最明显,而 2015 年和 2016 年,由于对沿线国家的进口下降,进出口贸易总额增长缓慢。

具体而言,如表 3-1 所示,2014 年,中国与"一带一路"沿线国家的贸易总额占中国对外贸易总额的 23.7％,份额进一步上升,其中出口占比为 24.8％,进口占比为 22.3％,相比上一年均有提高;2015 年,与"一带一路"沿线国家进出口贸易总额占比下降了 0.2 个百分点,为 23.5％,其中出口份额继续保持上升的态势,为 25.4％,进口份额相比 2014 年降低了 1.5 个百分点。2016 年,中国与"一带一路"沿线国家的进出口贸易总额占中国全部对外贸易总额的 23.7％,相比上年提高了 0.2 个百分点,其中出口份额提高了 0.4 个百分点,达 25.8％,进口份额和上一年持平。

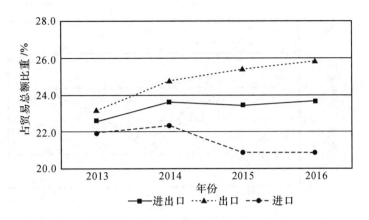

图 3-2　中国与"一带一路"沿线国家贸易额占对外贸易总额比重

数据来源:海关总署。

表 3-1　2013—2016 年中国与"一带一路"沿线国家贸易额占对外贸易总额比重

年份	贸易总额比重/%		
	进出口	出口	进口
2013 年	22.6	23.2	21.9
2014 年	23.7	24.8	22.3
2015 年	23.5	25.4	20.8
2016 年	23.7	25.8	20.8

数据来源:海关总署。

2. 贸易增幅波动较大

中国与"一带一路"沿线国家、美日欧、全球的进出口贸易增速如图 3-3 所示,2014 年中国对沿线国家的进出口贸易增速明显,高达 7.1%,高于同期对全球贸易增速的 2.3% 和对美国、日本、欧盟贸易增速的 5.4%。2015 年,中国与沿线国家的进出口贸易增速剧烈下降变负,为－7.8%,低于对美日欧进出口贸易增速的－4.5% 和与全球国家贸易额增速的－7%。2016 年随着经济的回升,中国与沿线国家的贸易增速重新回归正值,位于对全球贸易增速和对美日欧贸易增速的中间。

中国与"一带一路"沿线国家、美日欧、全球的出口贸易增速如图 3-4 所示,总体上,高于中国对全球贸易增速和对美日欧的贸易增速。其中 2014 年

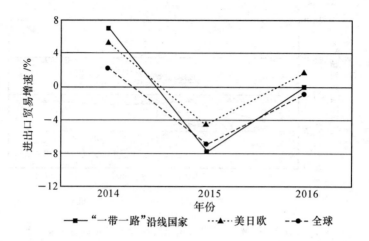

图 3-3　中国与"一带一路"沿线国家、美日欧、全球的进出口贸易增速

数据来源:海关总署。

最高为 12％,而同期中国对美日欧和全球的贸易增速分别为 5.8％和 4.9％。2016 年,中国对"一带一路"沿线国家和地区的出口贸易增速为－0.31％,被与美日欧 0.66％的增速超过。

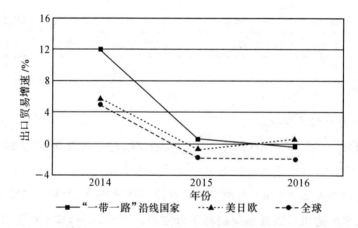

图 3-4　中国与"一带一路"沿线国家、美日欧、全球的出口贸易增速

数据来源:海关总署。

中国与"一带一路"沿线国家、美日欧、全球的进口贸易增速如图 3-5 所示,总体上,低于中国对全球贸易增速和对美日欧的贸易增速。2015 年中国与"一带一路"沿线国家的进口贸易相对上一年降低了 19.1％,大幅低于中国对

全球的贸易增速和对美日欧的贸易增速。

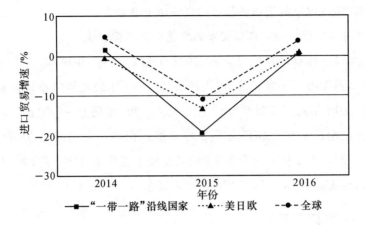

图 3-5　中国与"一带一路"沿线国家、美日欧、全球的进口贸易增速

数据来源：海关总署。

总的来说，由于"一带一路"沿线国家多为欠发达的发展中国家，贸易产品也多为原材料等低附加值产品以及资源型产品，因而中国对沿线国家的进口贸易增幅表现不如出口贸易，另外，沿线国家外向型的产业结构也容易受到国际经济形势和贸易的影响，从而表现在贸易上就会有较大波动。

中国与"一带一路"沿线国家进出口贸易额的增加值情况如图 3-6 所示，

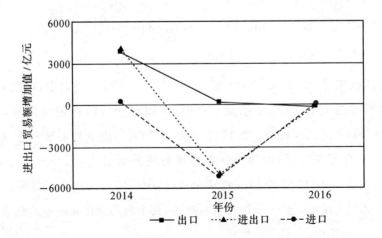

图 3-6　中国与"一带一路"沿线国家的进出口贸易额增加值

数据来源：海关总署。

可以看到 2014—2016 年,进出口贸易额的增加值都在不断减小,其中中国与"一带一路"沿线国家的进口贸易额的增加值波动较大。

3. 中国与"一带一路"沿线国家的贸易顺差逐渐扩大

从进出口结构看,如图 3-7 所示,2013 年到 2016 年,中国与"一带一路"沿线国家的贸易顺差额不断扩大,以人民币计,2013 年的贸易顺差只有 5262 亿元人民币,2014 年的贸易顺差为 8784 亿元人民币,相比上一年增长 3522 亿元人民币,同比增长 67%。2015 年贸易顺差继续保持扩大的态势,达 14129 亿元人民币。2016 年,中国与沿线国家的贸易顺差近年来首次下降,为 13919 亿元人民币,相比 2015 年下降了 210 亿元人民币。

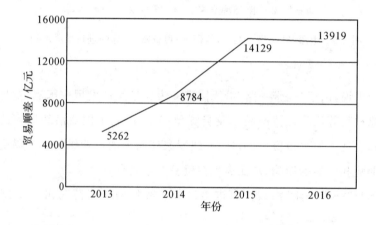

图 3-7 中国与"一带一路"沿线国家的贸易顺差

数据来源:海关总署。

分国家来看,见表 3-2,2014 年,在"一带一路"沿线国家中,中国对越南的贸易顺差最大为 2693.2 亿元人民币;中国对沙特阿拉伯的贸易逆差最大,为 1714.7 亿元人民币。2015 年开始,中国对印度的贸易顺差超过越南,为 2781.2 亿元人民币;中国与阿曼的贸易逆差额最大,为 803.4 亿元人民币。2016 年,中国与 52 个国家贸易顺差,其中与印度的贸易顺差额最大,为 3072.7 亿元人民币;与 12 个国家贸易逆差,其中对马来西亚的逆差额最大,达 766.2 亿元人民币。

表 3-2 中国与"一带一路"沿线国家贸易顺差值

国家和地区	贸易顺差值/亿元			
	2013 年	2014 年	2015 年	2016 年
全球	16039.6	23488.8	36769.9	33522.8
东盟	2758.5	3917.8	5123.9	3915.8
新加坡	978.1	1111.3	1520.1	1218.6
马来西亚	−882.5	−570.7	−582.6	−766.2
印度尼西亚	341.5	894.0	894.0	703.5
缅甸	278.0	−383.9	249.3	269.0
泰国	−361.1	−250.1	70.2	−106.5
老挝	43.9	4.2	−20.2	−24.3
柬埔寨	189.1	171.5	192.4	204.3
越南	1965.9	2693.2	2240.2	1578.7
文莱	100.1	95.7	81.2	19.9
菲律宾	105.5	152.6	479.3	818.8
西亚	−2402.7	−1146.2	2199.8	2263.7
伊朗	−707.3	−191.4	109.1	105.1
伊拉克	−689.5	−799.1	−294.2	−206.5
土耳其	823.3	958.0	970.8	914.1
叙利亚	42.5	60.4	63.4	60.1
约旦	202.7	190.5	194.5	180.5
黎巴嫩	152.0	158.4	140.8	137.1
以色列	277.5	282.5	360.3	328.8
沙特阿拉伯	−2153.1	−1714.7	−520.6	−331.5
也门	−56.6	−45.3	33.6	100.3
阿曼	−1186.4	−1334.1	−803.4	−653.7
阿拉伯联合酋长国	1278.5	1429.4	1581.1	1320.1
卡塔尔	−419.1	−372.6	−145.2	−165.5
科威特	−428.9	−404.0	−231.6	−223.1

续表

国家和地区	贸易顺差值/亿元			
	2013 年	2014 年	2015 年	2016 年
巴林	58.0	64.4	55.9	47.9
埃及	403.7	571.4	685.3	650.0
南亚	3349.2	4009.4	4775.1	5309.1
印度	1955.4	2325.7	2781.2	3072.7
巴基斯坦	485.3	644.6	868.6	1009.8
孟加拉国	565.2	677.0	812.9	884.9
斯里兰卡	201.9	217.7	251.5	264.5
马尔代夫	6.0	6.4	10.7	21.1
尼泊尔	134.3	137.3	49.6	55.8
不丹	1.1	0.7	0.6	0.3
中亚地区和蒙古国	−282.6	38.6	42.1	244.2
蒙古国	−66.2	−176.7	−136.9	−173.9
哈萨克斯坦	−217.9	184.0	160.2	230.4
乌兹别克斯坦	42.0	66.4	59.7	26.0
土库曼斯坦	−481.5	−525.7	−434.4	−344.2
吉尔吉斯斯坦	311.0	318.7	262.9	365.8
塔吉克斯坦	110.2	148.8	108.7	111.9
阿富汗	19.8	23.1	21.9	28.2
独联体国家和地区	1013.2	942.0	134.3	528.3
俄罗斯联邦	612.5	742.8	95.5	337.3
乌克兰	284.4	99.6	−1.5	114.7
白俄罗斯	18.0	22.8	−16.4	42.9
格鲁吉亚	50.1	52.5	45.0	45.6
阿塞拜疆	39.5	21.5	13.2	−4.7
亚美尼亚	2.9	−2.8	−6.4	−10.9
摩尔多瓦	5.8	5.6	4.9	3.4
中东欧地区	1839.2	1964.6	1988.2	2185.5
波兰	641.9	695.3	720.5	828.5

国家和地区	贸易顺差值/亿元			
	2013 年	2014 年	2015 年	2016 年
立陶宛	96.8	92.2	66.4	74.3
爱沙尼亚	56.6	56.5	44.5	49.6
拉脱维亚	79.2	71.8	54.5	61.3
捷克	262.0	307.1	339.0	336.9
斯洛伐克	−23.0	−33.7	35.2	29.8
匈牙利	185.3	153.3	143.8	128.5
斯洛文尼亚	95.0	102.0	111.9	120.8
克罗地亚	80.1	56.9	54.1	56.3
波斯尼亚和黑塞哥维那	4.3	15.2	0.5	1.3
黑山	4.4	6.3	6.8	5.0
塞尔维亚	13.2	19.2	17.4	17.7
阿尔巴尼亚	5.6	11.6	18.8	24.8
罗马尼亚	100.2	104.3	115.8	131.4
保加利亚	10.0	11.8	18.3	30.7
希腊	173.2	235.8	209.9	258.4
塞浦路斯	57.2	59.9	33.6	27.3
北马其顿	−2.8	−0.9	−2.8	2.9

数据来源:海关总署。

4. 中国是"一带一路"沿线国家的主要贸易伙伴

在"一带一路"沿线主要贸易伙伴国中,中国是新加坡的第一出口目的国,是马来西亚、越南、泰国、俄罗斯、沙特阿拉伯的第二出口目的国,是印度、印度尼西亚、阿拉伯联合酋长国、菲律宾的第三出口目的国。新加坡、越南、马来西亚、泰国、菲律宾、印度尼西亚6个国家对中国的出口额占其出口总额比重均超过10%。除印度、菲律宾以外,中国在新加坡、越南、马来西亚、泰国、俄罗斯、沙特阿拉伯、印度尼西亚、阿拉伯联合酋长国8个国家的出口额比重都有所上升。

5. 我国对东盟、西亚的贸易额占比较大

东盟、西亚是我国与沿线国家开展贸易合作的主要区域。2013年,中国与东盟地区的贸易额为 27538 亿元人民币,占中国与"一带一路"沿线国家和地区贸易总额的 42.4%;其次为西亚地区,贸易额为 17689 亿元人民币。2016年,中国与东盟地区贸易额为 29872 亿元人民币,占中国与沿线国家贸易总额的 47.5%;其次为西亚地区,贸易额为 13958 亿元人民币,占比为 22.2%;南亚地区、中亚地区和蒙古国、独联体国家和地区以及中东欧地区的占比分别为11.6%、3.7%、8.4% 和 6.7%。

从出口看,中国向东盟地区出口额最大,2016 年达 15149 亿元人民币,占比为 43.7%;其次为西亚地区,出口额为 7642 亿元人民币,占比为 21.0%。

从进口看,中国自东盟地区的进口额最大,达 12978 亿元人民币,占比为53.6%,进口额较 2015 年上升 0.9%;其次为西亚地区,进口额为 5847 亿元人民币,占比为 24.1%,较 2015 年下降 10.5%;再次为独联体国家和地区、中亚地区和蒙古国、南亚地区,进口额分别为 1036 亿元人民币、1036 亿元人民币、980 亿元人民币,同比略有下降。

6. 我国对中东欧、南亚贸易增速较快

中国与中东欧的贸易增长最快,其次是南亚地区。2016 年,我国向中东欧地区出口 3193 亿元人民币,较 2015 年增长 10.7%,是增速最快的地区;向南亚地区出口 4653 亿元人民币,较 2015 年增长 2.6%。2016 年,我国自中东欧地区进口 1008 亿美元,较 2015 年增长 12.5%,从南亚地区进口同比增长4.9%,增速居第二位。

(三)分区域贸易额占我国与"一带一路"沿线国家贸易额比重

2013—2016 年,中国与"一带一路"沿线各地区的进出口贸易额的比重如表 3-3 所示。过去三年,东盟地区的贸易额比重最大,然后依次是西亚、南亚、独联体、中东欧与中亚和蒙古国。值得注意的是,南亚地区在中国与"一带一路"沿线国家中的贸易比重不断提高,并在 2015 年超过独联体国家(地区)成为"一带一路"沿线国家地区中占比仅次于东盟和西亚的第三大地区。

具体而言,2013 年东盟地区进出口总额为 2.7 万亿元,占我国与"一带一路"沿线国家贸易总额的 42.4%;西亚地区进出口总额为 1.8 万亿元,占我国与"一带一路"沿线国家贸易总额的 27.3%;南亚地区进出口总额为 0.59 万亿元,占我国与"一带一路"沿线国家贸易总额的 9.2%;中亚地区和蒙古国进出口总额为 0.35 万亿元,占我国与"一带一路"沿线国家贸易总额的 5.4%;独联体国家(地区)进出口总额为 0.65 万亿元,占我国与"一带一路"沿线国家贸易总额的 10.0%;中东欧地区进出口总额为 0.37 万亿元,占我国与"一带一路"沿线国家贸易总额的 5.7%(见表 3-3、图 3-8)。

表 3-3　"一带一路"沿线分区域进出口比重情况

地区	进出口比重/%			
	2013 年	2014 年	2015 年	2016 年
东盟	42.4	42.7	46.9	47.5
西亚	27.3	27.8	24.4	22.2
南亚	9.2	9.4	11.0	11.6
中亚和蒙古国	5.4	4.7	3.8	3.7
独联体	10.0	9.6	7.8	8.4
中东欧	5.7	5.9	6.0	6.7

数据来源:海关总署。

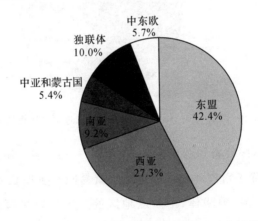

图 3-8　2013 年"一带一路"沿线分区域进出口比重情况

数据来源:海关总署。

　　2014 年,中国对东盟、西亚、南亚、独联体和中东欧地区的进出口贸易额有了进一步的增长,对中亚地区与蒙古国的进出口贸易总额有所下降。进出口总额占比上,独联体国家和地区以及中亚地区和蒙古国有所下降。具体而言,2014 年东盟地区进出口总额为 2.95 万亿元,占"一带一路"沿线国家贸易总额的 42.7%,相比上一年提高了 0.3 个百分点;西亚地区进出口总额为 1.90 万亿元,占"一带一路"沿线国家贸易总额的 27.8%,相较上一年提高了 0.5 个百分点;南亚地区进出口总额为 0.65 万亿元,占"一带一路"沿线国家贸易总额的 9.4%,相较上一年提高了 0.2 个百分点;中亚地区和蒙古国进出口总额为 0.32 万亿元,进出口总额比上一年有所降低,占"一带一路"沿线国家贸易总额的 4.7%,相较上一年降低了 0.7 个百分点;独联体国家(地区)进出口总额为 0.66 万亿元,虽然进出口总额相比上一年有所增加,但占比较上一年降低了 0.4 个百分点,为 9.6%;中东欧地区进出口总额为 0.40 万亿元,占"一带一路"沿线国家贸易总额的 5.9%,相较上一年提高了 0.2 个百分点(见图 3-9)。

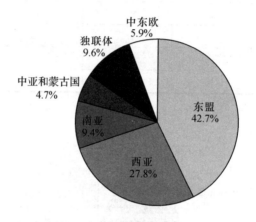

图 3-9　2014 年"一带一路"沿线分区域进出口比重情况

2015 年,受国际经济形势的影响,中国对"一带一路"沿线国家的进出口总额有所下降。除了对南亚地区的进出口贸易额有所增长外,中国对东盟、西亚、中亚和蒙古国、独联体、中东欧地区的进出口贸易额均有小幅下降。贸易比重方面,东盟和南亚的贸易比重提高较多,西亚和独联体地区的贸易比重有明显下降。具体而言,2015 年东盟地区进出口总额为 2.93 万亿元,占"一带一路"沿线国家贸易总额的 46.9%,虽然进出口总额相比上一年有所降低,但占比提高了 4.2 个百分点;西亚地区进出口总额为 1.5 万亿元,占"一带一路"沿线国家贸易总额的 24.4%,相较上一年降低了 3.4 个百分点;南亚地区进出口总额为 0.68 万亿元,占"一带一路"沿线国家贸易总额的 11.0%,相较上一年提高了 1.6 个百分点;中亚地区和蒙古国进出口总额为

0.24万亿元,占"一带一路"沿线国家贸易总额的 3.8%,相较上一年降低了
0.9 个百分点;独联体国家(地区)进出口总额为 0.49 万亿元,占"一带一路"沿
线国家贸易总额的 7.8%,较上一年降低了 1.8 个百分点;中东欧地区进出口
总额为 0.38 万亿元,占"一带一路"沿线国家贸易总额的 6.0%,相较上一年提
高了 0.1 个百分点(见图 3-10)。

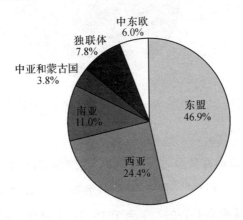

图 3-10　2015 年"一带一路"沿线分区域进出口比重情况

数据来源:海关总署。

2016 年,虽然中国对外贸易进出口总额相比上一年仍有所下降,但对"一
带一路"沿线国家的进出口总额实现了逆势增长。分区域来看,对东盟、南亚、
独联体和中东欧地区的进出口总额实现了增长,而对西亚、中亚和蒙古国地区
的进出口总额有所下降。具体而言,2016 年东盟地区进出口总额为 3.0 万亿
元,占"一带一路"沿线国家贸易总额的 47.5%,进出口比重进一步提高;西亚
地区进出口总额为 1.4 万亿元,占"一带一路"沿线国家贸易总额的 22.2%,相
较上一年降低了 2.2 个百分点;南亚地区进出口总额为 0.73 万亿元,占"一带
一路"沿线国家贸易总额的 11.6%,相较上一年提高了 0.6 个百分点;中亚地
区和蒙古国进出口总额为 0.23 万亿元,占"一带一路"沿线国家贸易总额的
3.7%,相较上一年降低了 0.1 个百分点;独联体国家(地区)进出口总额为
0.52 万亿元,占"一带一路"沿线国家贸易总额的 8.4%,较上一年提高了 0.6
个百分点;中东欧地区进出口总额为 0.42 万亿元,占"一带一路"沿线国家贸
易总额的 6.7%,相较上一年提高了 0.7 个百分点(见图 3-11)。

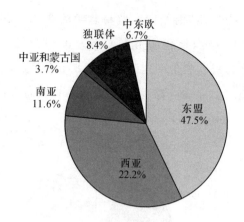

图 3-11 2016 年"一带一路"沿线分区域进出口比重情况

数据来源:海关总署。

(四)分区域出口额占我国对"一带一路"沿线国家出口额比重

2013—2016 年,中国对"一带一路"沿线各地区的出口贸易额比重如表 3-4 所示。从出口贸易额来看,2013 年至 2016 年,中国对"一带一路"沿线地区的出口贸易额最大的是东盟,其次是西亚,然后是南亚、独联体、中东欧、中亚和蒙古国,其中中国对南亚地区的出口贸易额增长较为明显。和进出口贸易总额有所不同,中国对南亚地区的出口份额始终高于独联体国家(地区)。出口份额方面,如表 3-4 所示,中国对南亚地区的出口份额有较大程度的增长,而对独联体国家和地区的出口份额则有所降低。

表 3-4 "一带一路"沿线分区域出口比重情况

地区	出口比重/%			
	2013 年	2014 年	2015 年	2016 年
东盟	42.6	42.4	44.9	43.7
西亚	21.5	22.9	22.8	21.0
南亚	13.1	13.3	15.2	16.3
中亚和蒙古国	4.5	4.2	3.2	3.3
独联体	10.5	9.6	6.5	7.5
中东欧	7.8	7.6	7.5	8.3

数据来源:海关总署。

具体而言,2013 年中国对东盟地区出口贸易总额为 1.5 万亿元,占中国对"一带一路"沿线国家出口贸易总额的 42.6％;中国对西亚地区出口总额为0.76 万亿元,占对"一带一路"沿线国家出口贸易总额的 21.5％;中国对南亚地区出口总额为 0.47 万亿元,占对"一带一路"沿线国家出口贸易总额的13.1％;对中亚地区和蒙古国出口总额为 0.16 万亿元,占对"一带一路"沿线国家出口贸易总额的 4.5％;对独联体国家(地区)出口贸易总额为 0.37 万亿元,占对"一带一路"沿线国家出口贸易总额的 10.5％;对中东欧地区出口总额为 0.28 万亿元,占对"一带一路"沿线国家出口贸易总额的 7.8％。

　　2014 年,中国对"一带一路"沿线的所有地区的出口贸易额均有一定程度的增长。出口总额占比上,对西亚地区的出口份额有明显增长,而对独联体国家(地区)的出口份额明显下降。具体而言,2014 年中国对东盟地区出口贸易总额为 1.7 万亿元,占对"一带一路"沿线国家出口贸易总额的 42.4％,相比上一年下降了 0.2 个百分点;对西亚地区出口总额为 0.91 万亿元,占对"一带一路"沿线国家出口贸易总额的 22.9％,相较上一年提高了 1.4 个百分点;对南亚地区出口总额为 0.52 万亿元,占对"一带一路"沿线国家出口贸易总额的13.3％,相较上一年提高了 0.2 个百分点;对中亚地区和蒙古国出口总额为0.16 万亿元,出口总额比上一年有所降低,占对"一带一路"沿线国家出口贸易总额的 4.2％,相较上一年降低了 0.3 个百分点;对独联体国家(地区)出口总额为 0.38 万亿元,虽然出口总额相比上一年有所增加,但占比较上一年降低了 0.9 个百分点,为 9.6％;对中东欧地区出口总额为 0.30 万亿元,占对"一带一路"沿线国家出口贸易总额的 7.6％,相较上一年降低了 0.2 个百分点。

　　2015 年,中国对"一带一路"沿线国家的出口额继续保持增长态势,但不同地区表现不一。中国对东盟和南亚地区的出口额表现出强劲的增长势头,回填了对其他四个地区的出口额下降的趋势,使得对"一带一路"沿线国家的出口额整体呈增长态势。因而,在出口总额占比上,中国对东盟和南亚地区的出口份额增加,对其他地区的出口份额减少。具体而言,2015 年中国对东盟地区出口贸易总额为 1.7 万亿元,占对"一带一路"沿线国家出口贸易总额的44.9％,相比上一年增加了 2.5 个百分点;对西亚地区出口总额为 0.87 万亿元,占对"一带一路"沿线国家出口贸易总额的 22.8％,相较上一年降低了 0.1

个百分点;对南亚地区出口总额为 0.58 万亿元,占对"一带一路"沿线国家出口贸易总额的 15.2%,相较上一年提高了 1.9 个百分点;对中亚地区和蒙古国出口总额为 0.12 万亿元,出口总额比上一年进一步降低,占对"一带一路"沿线国家出口贸易总额的 3.2%,相较上一年降低了 1 个百分点;对独联体国家(地区)出口总额为 0.38 万亿元,占对"一带一路"沿线国家出口贸易总额的 6.5%,较上一年降低了 3.1 个百分点;对中东欧地区出口总额为 0.28 万亿元,占对"一带一路"沿线国家出口贸易总额的 7.5%,相较上一年降低了 0.1 个百分点。

2016 年,中国对"一带一路"沿线国家的出口额小幅下降,其中对南亚、中亚和蒙古国、中东欧地区的出口额实现了逆势增长,而对独联体国家(地区)和西亚地区的出口额有所下降。在出口总额占比上,中国对东盟和西亚地区的出口份额降低,对其他地区的出口份额增加。具体而言,2016 年中国对东盟地区出口贸易总额为 1.7 万亿元,占对"一带一路"沿线国家出口贸易总额的 43.7%,相比上一年降低了 1.2 个百分点;对西亚地区出口总额为 0.81 万亿元,占对"一带一路"沿线国家出口贸易总额的 21.0%,相较上一年降低了 1.8 个百分点;对南亚地区出口总额为 0.63 万亿元,占对"一带一路"沿线国家出口贸易总额的 16.3%,相较上一年提高了 1.1 个百分点;对中亚地区和蒙古国出口总额为 0.13 万亿元,占对"一带一路"沿线国家出口贸易总额的 3.3%,相较上一年提高了 0.1 个百分点;对独联体国家(地区)出口总额为 0.29 万亿元,占对"一带一路"沿线国家出口贸易总额的 7.5%,相较上一年提高了 1 个百分点;对中东欧地区出口总额为 0.32 万亿元,占对"一带一路"沿线国家出口贸易总额的 8.3%,相较上一年提高了 0.8 个百分点。

(五)分区域进口额占我国对"一带一路"沿线国家进口额比重

2013—2016 年,中国对"一带一路"沿线各地区的进口贸易额比重如表 3-5 所示。从进口贸易额来看,2013 年至 2016 年,中国对"一带一路"沿线地区的进口贸易额最大的也是东盟,其次是西亚,然后是独联体、中亚和蒙古国、南亚、中东欧。相比出口贸易,中国对"一带一路"沿线地区的进口贸易额均小于出口贸易额,说明中国与沿线国家的贸易顺差,并且数据显示顺差额逐渐扩大。进口份额方面,中国对西亚地区的进口份额明显高于其出口份额,而对独联体国家(地区)的进口份额也高于对南亚地区的进口份额。从增长的角度来看,中国对东盟地区的进口份额增长较为明显,而对西亚、中亚和蒙古国的进口份额则有明显的下降态势。

表 3-5   2013—2016 年中国对"一带一路"沿线国家分区域进口比重

地区	进口比重/%			
	2013 年	2014 年	2015 年	2016 年
东盟	42.3	43.0	50.1	53.6
西亚	34.3	34.3	27.1	24.1
南亚	4.4	4.2	4.4	4.0
中亚和蒙古国	6.5	5.4	4.8	4.3
独联体	9.3	9.6	9.9	9.8
中东欧	3.2	3.5	3.7	4.2

数据来源:海关总署。

具体而言,2013 年中国对东盟地区进口贸易总额为 1.2 万亿元,占中国对"一带一路"沿线国家出口贸易总额的 42.3%;中国对西亚地区进口总额为 1.0 万亿元,占对"一带一路"沿线国家进口贸易总额的 34.3%;中国对南亚地区进口总额为 0.13 万亿元,占对"一带一路"沿线国家进口贸易总额的 4.4%;对中亚地区和蒙古国进口总额为 0.19 万亿元,占对"一带一路"沿线国家进口贸易总额的 6.5%;对独联体国家(地区)进口贸易总额为 0.27 万亿元,占对"一带一路"沿线国家进口贸易总额的 9.3%;对中东欧地区进口总额为 0.09 万亿元,占对"一带一路"沿线国家进口贸易总额的 3.2%。

2014 年,中国对"一带一路"沿线地区的进口贸易额有一定程度的增长。分地区看,对南亚、中亚和蒙古国地区的进口总额下降,对东盟、西亚、独联体和中东欧的进口总额上升。在进口总额占比上,对东盟地区的进口份额有所增长,而对中亚与蒙古国的进口份额明显下降。具体而言,2014 年中国对东盟地区进口贸易总额为 1.28 万亿元,占对"一带一路"沿线国家进口贸易总额的 43.0%,相比上一年增长了 0.7 个百分点;对西亚地区进口总额为 1.02 万亿元,占对"一带一路"沿线国家进口贸易总额的 34.3%,与上一年持平;对南亚地区进口总额为 0.12 万亿元,占对"一带一路"沿线国家进口贸易总额的

4.2%,相较上一年降低了 0.2 个百分点;对中亚地区和蒙古国进口总额为 0.16 万亿元,进口总额比上一年有所降低,占对"一带一路"沿线国家进口贸易总额的 5.4%,相较上一年降低了 1.1 个百分点;对独联体国家(地区)进口总额为 0.28 万亿元,占对"一带一路"沿线国家进口总额的 9.6%,较上一年提高了 0.3 个百分点;对中东欧地区进口总额为 0.10 万亿元,占对"一带一路"沿线国家进口贸易总额的 3.5%,相较上一年提高了 0.3 个百分点。

2015 年,中国对"一带一路"沿线国家的进口额呈现明显下降的态势。从进口贸易额来看,中国对沿线所有地区的进口贸易额均有明显下降,其中对西亚地区的进口总额下跌较为明显,反映在进口总额占比上,可以看出对西亚的进口总额占比下降最为明显。具体而言,2015 年中国对东盟地区进口贸易总额为 1.21 万亿元,占对"一带一路"沿线国家进口贸易总额的 50.1%,相比上一年增加了 7.1 个百分点;对西亚地区进口总额为 0.65 万亿元,占对"一带一路"沿线国家进口贸易总额的 27.1%,相较上一年降低了 7.2 个百分点;对南亚地区进口总额为 0.11 万亿元,占对"一带一路"沿线国家进口贸易总额的 4.4%,相较上一年提高了 0.2 个百分点;对中亚地区和蒙古国进口总额为 0.12 万亿元,进口总额比上一年进一步降低,占对"一带一路"沿线国家进口贸易总额的 4.8%,相较上一年降低了 0.6 个百分点;对独联体国家(地区)进口总额为 0.24 万亿元,占对"一带一路"沿线国家进口贸易总额的 9.9%,较上一年提高了 0.3 个百分点;对中东欧地区进口总额为 0.09 万亿元,占"一带一路"沿线国家进口贸易总额的 3.7%,相较上一年提高了 0.2 个百分点。

2016 年,中国对"一带一路"沿线国家的进口额和上年基本持平,略有上升,达 2.42 万亿元。对东盟和中东欧地区的进口贸易额增长弥补了其他地区的进口贸易额下降的负面效应,尤其是对东盟地区的进口贸易额增长明显。因而,体现在进口贸易份额上,对东盟和中东欧地区的进口贸易份额增长明显,对其他地区的进口贸易份额则有所下降。具体而言,2016 年中国对东盟地区进口贸易总额为 1.30 万亿元,占对"一带一路"沿线国家进口贸易总额的 53.6%,相比上一年提高了 3.5 个百分点;对西亚地区进口总额为 0.58 万亿元,占对"一带一路"沿线国家进口贸易总额的 24.1%,相较上一年降低了 3 个百分点;对南亚地区进口总额为 0.09 万亿元,占对"一带一路"沿线国家进口贸易总额的 4.0%,相较上一年降低了 0.4 个百分点;对中亚地区和蒙古国进口总额为 0.10 万亿元,进口总额比上一年进一步降低,占对"一带一路"沿线国家进口贸易总额的 4.3%,相较上一年降低了 0.5 个百分点;对独联体国家(地区)进口总额为 0.23 万亿元,占对"一带一路"沿线国家进口贸易总额的 9.8%,相较上一年降低了 0.1 个百分点;对中东欧地区进口贸易总额为 0.10 万亿元,占对"一带一路"沿线国家进口贸易总额的 4.2%,相较上一年提高了 0.5 个百分点。

(六)2014—2016 年我国对"一带一路"沿线各区域贸易的变化

1.东盟地区

表 3-6　2014—2016 年中国与东盟地区贸易情况　　　　　单位:亿元

国家	2014 年			2015 年			2016 年		
	进出口	出口	进口	进出口	出口	进口	进出口	出口	进口
新加坡	4898.2	3004.7	1893.4	4939.0	3229.6	1709.5	4648.9	2933.7	1715.2
马来西亚	6265.6	2847.5	3418.1	6035.5	2726.4	3309.1	5740.9	2487.3	3253.5
印度尼西亚	3903.6	2398.8	1504.8	3363.7	2128.9	1234.8	3533.4	2118.4	1414.9
缅甸	1534.7	575.4	959.3	950.7	600.0	350.7	812.0	540.5	271.5
泰国	4463.0	2106.5	2356.6	4686.7	2378.4	2308.3	5011.4	2452.4	2559.0
老挝	222.0	113.1	108.9	172.8	76.3	96.5	154.5	65.1	89.4
柬埔寨	230.8	201.1	29.6	275.1	233.8	41.4	313.9	259.1	54.8
越南	5138.1	3915.6	1222.5	5965.3	4102.7	1862.6	6494.5	4036.6	2457.9
文莱	119.0	107.4	11.6	93.3	87.3	6.1	47.2	33.6	13.6
菲律宾	2730.8	1441.7	1289.1	2835.5	1657.4	1178.1	3114.9	1966.9	1148.1

数据来源:海关总署。

中国对东盟各国的进出口贸易情况如表 3-6 所示。中国对东盟地区的进出口总额整体呈上升态势,三年的进出口总额分别为 2.95 万亿元、2.93 万亿元和 2.99 万亿元。分年来看,2015 年相比上年贸易总额略有下降。新加坡、马来西亚、泰国和越南是中国在东盟地区中较大的进出口贸易伙伴。从贸易增长来看,三年间,越南和泰国的贸易增长较为明显,而新加坡、马来西亚呈现波动。2016 年开始,越南超过马来西亚成为中国在东盟地区最大的贸易伙伴。

从进出口来看,中国对东盟地区的出口贸易超过进口贸易。新加坡、马来西亚、泰国和越南也是中国在东盟地区中进口贸易和出口贸易较多的国家。在越南和中国的贸易中,出口明显高于进口。越南一直都是中国在东盟最大的出口贸易伙伴,进口贸易虽然也一直在增长,但直到2016年,越南只是中国在东盟地区的第三大进口贸易伙伴。

2.西亚地区

表3-7　2014—2016年中国对西亚地区贸易情况　　　　　　　　单位:亿元

国家	2014年			2015年			2016年		
	进出口	出口	进口	进出口	出口	进口	进出口	出口	进口
伊朗	3186.0	1497.3	1688.7	2096.4	1102.7	993.6	2064.2	1084.7	979.6
伊拉克	1749.8	475.4	1274.4	1276.1	491.0	785.1	1202.3	497.9	704.4
土耳其	1413.6	1185.8	227.8	1336.7	1153.7	182.9	1282.4	1098.2	184.1
叙利亚	60.6	60.5	0.1	63.8	63.6	0.2	60.6	60.4	0.2
约旦	222.8	206.7	16.2	230.4	212.5	17.9	208.5	194.5	14.0
黎巴嫩	161.5	160.0	1.6	143.0	141.9	1.1	139.4	138.3	1.2
以色列	668.2	475.3	192.8	708.4	534.3	174.1	749.0	538.9	210.1
沙特阿拉伯	4243.2	1264.3	2978.9	3200.5	1339.9	1860.5	2788.1	1228.3	1559.8
也门	315.7	135.2	180.5	143.9	88.8	55.2	122.5	111.4	11.1
阿曼	1587.8	126.8	1461.0	1065.7	131.2	934.6	936.4	141.4	795.1
阿拉伯联合酋长国	3365.9	2397.7	968.3	3011.9	2296.5	715.4	2641.7	1980.9	660.8
卡塔尔	649.5	138.5	511.0	427.1	140.9	286.2	365.1	99.8	265.3
科威特	825.2	210.6	614.6	699.2	233.8	465.4	618.2	197.6	420.6
巴林	86.9	75.6	11.3	69.6	62.7	6.9	56.3	52.1	4.2
埃及	713.6	642.5	71.1	798.8	742.0	56.7	723.5	686.7	36.7

数据来源:海关总署。

中国对西亚地区各国的进出口贸易情况如表3-7所示。中国对西亚地区的进出口总额整体呈下降态势,三年的进出口贸易额分别为19.3万亿元、15.3万亿元和14.0万亿元。分年来看,三年的进出口贸易额逐年下降,2014

年到 2015 年的进出口贸易额降幅较大。沙特阿拉伯、阿拉伯联合酋长国和伊朗是中国在西亚地区的主要进出口贸易伙伴。其中,沙特阿拉伯一直都是中国在这一地区的第一大贸易伙伴。从贸易增长来看,中国对西亚地区的进口降幅相比出口更为明显,尤其是中国对伊朗和伊拉克的进口。

从进出口方面来看,中国对大部分西亚地区的出口贸易超过进口贸易。但是中国对沙特阿拉伯的进口贸易一直都高于出口贸易。与沙特阿拉伯的情况类似,中国对伊拉克、阿曼、卡塔尔、科威特等国同样是进口贸易额远高于出口贸易额。

3.南亚地区

表 3-8   2014—2016 年中国对南亚地区贸易情况   单位:亿元

国家	2014 年			2015 年			2016 年		
	进出口	出口	进口	进出口	出口	进口	进出口	出口	进口
印度	4335.5	3330.6	1004.9	4443.4	3612.3	831.1	4626.7	3849.7	777.0
巴基斯坦	982.9	813.8	169.2	1175.9	1022.3	153.6	1261.8	1135.8	126.0
孟加拉国	770.5	723.8	46.8	912.9	862.9	50.0	999.7	942.3	57.4
斯里兰卡	248.2	232.9	15.3	283.6	267.6	16.1	300.7	282.6	18.1
马尔代夫	6.4	6.4	0.0	10.8	10.7	0.0	21.1	21.1	0.0
尼泊尔	143.1	140.2	2.9	53.5	51.5	2.0	58.7	57.3	1.5
不丹	0.7	0.7	0.0	0.6	0.6	0.0	0.3	0.3	0.0

数据来源:海关总署。

中国对南亚各国的进出口贸易情况如表 3-8 所示。中国对南亚地区的进出口贸易总额一直都呈上升态势,三年的进出口总额分别为 0.65 万亿元、0.69 万亿元和 0.73 万亿元。印度是中国在南亚地区最大的进出口贸易伙伴,其贸易额占中国与南亚地区贸易总额的一半以上。其次是巴基斯坦,中国和孟加拉国的贸易额和巴基斯坦差不多,与其他国家的进出口贸易额则很少。从贸易增长来看,印度和巴基斯坦及其他主要国家对中国的贸易总额均有较大幅度的增长,而尼泊尔与中国的进出口贸易额则下降较大。

从进出口来看,中国对南亚地区的出口贸易额是进口贸易额的 4 倍多,中国对印度的出口贸易额是其进口贸易额的 3 倍左右,而对巴基斯坦等其他国家,则是 10 倍左右。另外,在中国对印度和巴基斯坦的出口额增长的同时,进口额却进一步下降,贸易顺差进一步扩大。

4.中亚地区和蒙古国

表 3-9　2014—2016 年中国对中亚地区和蒙古国贸易情况　　　　单位:亿元

国家	2014 年			2015 年			2016 年		
	进出口	出口	进口	进出口	出口	进口	进出口	出口	进口
蒙古国	449.1	136.2	312.9	331.6	97.4	234.2	304.4	65.3	239.2
哈萨克斯坦	1377.9	781.0	596.9	886.7	523.4	363.2	865.4	547.9	317.5
乌兹别克斯坦	262.7	164.5	98.1	216.8	138.3	78.5	238.0	132.0	106.0
土库曼斯坦	642.9	58.6	584.3	535.5	50.5	484.9	388.7	22.2	366.4
吉尔吉斯斯坦	325.5	322.1	3.4	270.1	266.5	3.6	375.2	370.5	4.7
塔吉克斯坦	154.6	151.7	2.9	115.2	111.9	3.2	116.0	113.9	2.1
阿富汗	25.2	24.2	1.1	23.4	22.6	0.7	28.8	28.5	0.3

数据来源:海关总署。

中国对中亚地区各国和蒙古国的进出口贸易情况如表 3-9 所示。中国对中亚地区和蒙古国的进出口总额整体呈下降趋势,2015 年与 2016 年相比,下降趋势尤为明显。分年来看,三年的进出口贸易总额不断下降,分别为 0.32 万亿元、0.24 万亿元和 0.23 万亿元。哈萨克斯坦是中国在该地区最大的进出口贸易伙伴,其贸易额占中国对中亚地区和蒙古国进出口贸易额的 40% 左右。土库曼斯坦、蒙古国和吉尔吉斯斯坦紧随其后。从贸易增长来看,三年间,中国对各国的进出口贸易都有较大幅度的下降。

从进出口来看,整体上中国对中亚地区和蒙古国的出口超过进口,对蒙古国和土库曼斯坦的进口贸易额超过出口贸易额。中国对蒙古国的进口额是出口额的近 3 倍,对土库曼斯坦的进口额更是出口额的 10 倍左右。哈萨克斯坦一直是中国在中亚地区和蒙古国的最大出口贸易伙伴。进口贸易方面,2015 年开始,土库曼斯坦超过哈萨克斯坦成为中国在中亚地区和蒙古国的最大进口贸易伙伴。

5. 独联体国家和地区

表 3-10　2014—2016 年中国对独联体国家和地区贸易情况　　　单位:亿元

国家	2014 年			2015 年			2016 年		
	进出口	出口	进口	进出口	出口	进口	进出口	出口	进口
俄罗斯	5851.9	3297.4	2554.5	4227.0	2161.2	2065.7	4593.9	2465.6	2128.3
乌克兰	527.7	313.6	214.0	438.4	218.5	219.9	441.6	278.2	163.5
白俄罗斯	113.7	68.2	45.5	109.3	46.5	62.9	100.3	71.6	28.7
格鲁吉亚	59.0	55.8	3.3	50.4	47.7	2.7	52.7	49.1	3.5
阿塞拜疆	57.8	39.6	18.2	41.3	27.2	14.0	50.4	22.8	27.6
亚美尼亚	17.9	7.5	10.4	20.5	7.1	13.4	25.6	7.3	18.2
摩尔多瓦	8.6	7.1	1.5	7.5	6.2	1.3	6.7	5.1	1.6

数据来源:海关总署。

中国对独联体国家和地区的进出口贸易情况如表 3-10 所示。中国对独联体国家和地区的进出口贸易总额整体呈下降趋势。分年来看,呈"U"形变化,2015 年的进出口贸易额相比上年有较大幅度的下降,2016 年的进出口贸易额有所回升。三年的进出口贸易额分别为 0.66 万亿元、0.49 万亿元和 0.53 万亿元。俄罗斯是中国在独联体国家和地区的最大贸易伙伴,其贸易额占中国对独联体国家和地区进出口贸易总额的 80% 以上,乌克兰是中国在该地区的第二大贸易伙伴,中国与该地区其他国家的进出口贸易较少。2016 年中国对俄罗斯的进出口贸易"回暖"带动了该地区的进出口贸易额回升。

从进出口来看,中国对独联体国家和地区的出口贸易多于进口贸易。俄罗斯一直都是中国在该地区最大的进口贸易伙伴和出口贸易伙伴。中国对亚美尼亚在三年间的进口贸易超过出口贸易,除此之外,2016 年对阿塞拜疆的进口贸易超过出口贸易。

6.中东欧地区

表 3-11　2014—2016 年中国与中东欧地区贸易情况　　　单位:亿元

国家	2014 年			2015 年			2016 年		
	进出口	出口	进口	进出口	出口	进口	进出口	出口	进口
波兰	1056.4	875.9	180.6	1061.3	890.9	170.4	1163.5	996.0	167.5
立陶宛	111.5	101.8	9.7	83.6	75.0	8.6	96.0	85.2	10.8
爱沙尼亚	84.3	70.4	13.9	73.7	59.1	14.6	77.6	63.6	14.0
拉脱维亚	89.9	80.9	9.0	72.4	63.4	9.0	78.8	70.1	8.7
捷克	675.2	491.1	184.1	685.1	512.1	173.1	726.7	531.8	194.9
斯洛伐克	381.4	173.9	207.6	312.9	174.1	138.9	348.0	188.9	159.1
匈牙利	554.9	354.1	200.8	501.7	322.8	178.9	586.7	357.6	229.1
斯洛文尼亚	142.8	122.4	20.4	147.9	129.9	18.0	178.6	149.7	28.9
克罗地亚	69.3	63.1	6.2	68.1	61.1	7.0	76.7	67.0	10.7
波斯尼亚和黑塞哥维那	19.8	17.5	2.3	7.2	3.8	3.3	7.1	4.2	2.9
黑山	13.0	9.7	3.3	9.8	8.3	1.5	9.3	7.2	2.2
塞尔维亚	33.0	26.1	6.9	34.1	25.8	8.3	39.2	28.5	10.7
阿尔巴尼亚	34.9	23.3	11.6	34.7	26.7	8.0	41.9	33.3	8.6
罗马尼亚	292.0	198.2	93.8	277.0	196.4	80.6	323.5	227.4	96.1
保加利亚	133.0	72.4	60.6	111.3	64.8	46.5	108.5	69.6	38.9
希腊	278.3	257.1	21.3	245.4	227.7	17.7	296.0	277.2	18.8
塞浦路斯	67.5	63.7	3.8	39.8	36.7	3.1	33.6	30.4	3.2
北马其顿	10.3	4.7	5.6	13.6	5.4	8.2	9.0	5.9	3.1

数据来源:海关总署。

中国对中东欧地区的进出口贸易情况如表 3-11 所示。中国对中东欧地区的进出口总额整体呈上升态势,三年的进出口总额分别为 0.40 万亿元、0.38 万亿元和 0.42 万亿美元。分年来看,2015 年相比上年贸易总额略有下降。波兰和捷克是中国在中东欧地区中较大的进出口贸易伙伴。从贸易增长来看,三年间,波兰、捷克和罗马尼亚的贸易增长较为明显,而斯洛伐克和中国的进出口贸易则有小幅下降。中东欧地区很多小国和中国的进出口贸易额都不足 100 亿元人民币。

从进出口来看,中国对中东欧地区的出口贸易超过进口贸易,出口贸易额是进口贸易额的 3 倍左右,中国对希腊的出口贸易额甚至达到进口贸易额的 10 倍。波兰是中国在中东欧地区最大的出口贸易伙伴与第三大进口贸易伙伴,匈牙利和捷克分别是中国在该地区最大和第二大进口贸易伙伴。

二、"一带一路"建设投资情况

(一)中国对全球直接投资概况

2013—2016 年,伴随着世界经济的调整,全球外国直接投资(流出量)波动变化稳定。2015 年外国直接投资流出量有较大提升,其他年份保持相对稳定。具体而言,如图 3-12 联合国贸易和发展会议的数据显示,2013 年,全球外国直接投资流出量为 1.41 万亿美元;2014 年相比 2013 年下降了 4.3%,为 1.35 万亿美元;2015 年,外国直接投资流量强劲复苏,为 1.47 万亿美元,同比增长 8.9%;2016 年则略显乏力,为 1.45 万亿美元。贸易存量方面,2013—2016 年,全球外国直接投资存量分别为 26.31 万亿美元、25.87 万亿美元、25.04 万亿美元和 26.16 万亿美元。

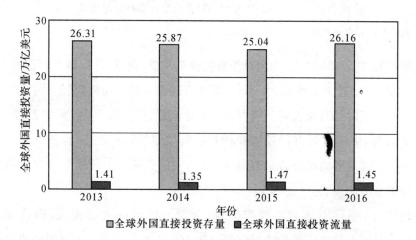

图 3-12　2013—2016 年全球外国直接投资存量与流量

数据来源:UNCTAD(联合国贸易和发展会议)。

在全球经济深度调整的外部环境下,中国政府积极推动对外投资便利化,不断完善"走出去"政策,促进中国企业跨国经营。2014 年开始,中国政府积极推动"一带一路"建设,进一步推进国际产能合作,加快推进对外投资便利化,加快中国企业融入经济全球化的进程。2013—2016 年,中国对外直接投资净额(流量)连续四年保持两位数以上的增长率,增长势头明显。在全球外商直接投资整体低迷的大环境下,突显中国作为世界经济增长引擎的贡献。

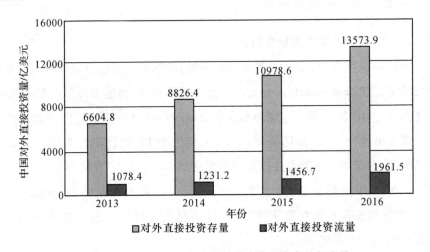

图 3-13　2013—2016 年中国对外直接投资存量与流量

数据来源:中国商务部。

图 3-13 显示,2013 年,中国对外直接投资净额(流量)首次破千亿美元,达1078.4 亿美元,较上年增长 22.8％。对外直接投资累计净额(存量)达 6604.8亿美元。中国对外直接投资分别占当年全球流量、存量的 7.6％和 2.5％。

2014 年,中国对外直接投资净额(流量)为 1231.2 亿美元,较上年增长14.2％。中国对外直接投资的存量为 8826.4 亿美元。中国对外直接投资分别占当年全球流量、存量的 9.1％和 3.4％。

2015 年,中国对外直接投资净额(流量)为 1456.7 亿美元,同比增长18.3％。对外直接投资累计净额(存量)达 10978.6 亿美元。中国对外直接投资分别占当年全球流量、存量的 9.9％和 4.4％,对外直接投资实现历史性突破,对外投资流量仅次于美国,首次位列全球第二位。

2016 年，中国对外直接投资净额（流量）为 1961.5 亿美元，同比增长 34.7%（见图 3-14），年末对外直接投资累计净额（存量）达 13573.9 亿美元。中国对外直接投资分别占当年全球流量、存量的 13.5% 和 5.2%，对外投资流量再次位列全球第二位。

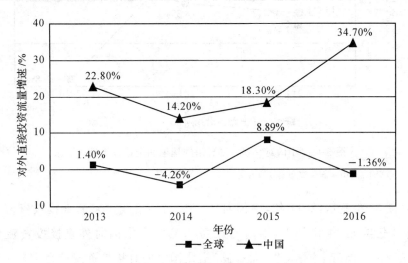

图 3-14　2013—2016 年中国与全球对外直接投资流量增速

数据来源：中国商务部和 UNCTAD。

整体来看，过去四年，全球外国直接投资（流出量）处于相对低迷的状态，投资流量增速缺乏有效动力。而中国对外直接投资流量在过去几年保持了两位数以上的高速增长率。这一方面体现了中国经济持续向好的基本面；另一方面，在中国政府积极推动的"一带一路""走出去"等政策的作用下，企业跨国经营实力不断提高，融入全球化进程的步伐加快。

（二）中国对"一带一路"沿线国家的直接投资情况

1. 中国对"一带一路"沿线国家直接投资概况

如图 3-15 所示，2014 年到 2016 年，中国对"一带一路"沿线国家的直接投资流量增长幅度明显。对"一带一路"沿线国家投资流量三年平均增速为 9.7%，低于同期中国对全球直接投资流量 22.4% 的平均增速。分年来看，2015 年增长较为突出，增幅达 38.5%，远远领先于同期中国对全球直接投资流量增速。但在 2016 年，中国对"一带一路"沿线国家的直接投资流量下降明显。

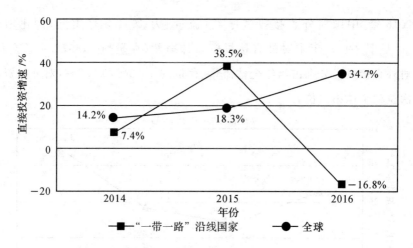

图 3-15 中国对"一带一路"沿线国家和全球直接投资增速

数据来源:中国商务部和 UNCTAD。

图 3-16 显示,2014 年,中国对"一带一路"沿线国家的直接投资流量为 136.4 亿美元,相比 2013 年同比提高 7.4%,占中国对外直接投资流量的 11.1%。2015 年,中国对"一带一路"沿线国家的直接投资流量为 188.9 亿美元,同比提高 38.5%,占中国对外直接投资流量的 13.0%。2016 年,中国对"一带一路"沿线国家的直接投资流量为 157.1 亿美元,同比降低 16.8%,占中国对外直接投资流量的 8.0%。

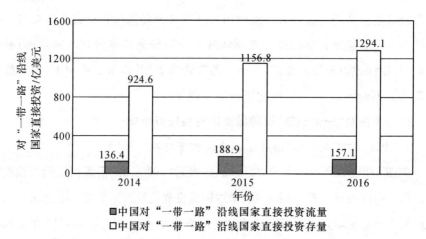

图 3-16 2014—2016 年中国对"一带一路"沿线国家直接投资情况

数据来源:中国商务部。

存量方面,商务部的数据显示:2014年年末,中国对"一带一路"沿线国家的直接投资存量为924.6亿美元,占中国对外直接投资存量的10.5%。2015年年末,中国对"一带一路"沿线国家的直接投资存量为1156.8亿美元,占中国对外直接投资存量的10.5%。2016年年末,中国对"一带一路"沿线国家的直接投资存量为1294.1亿美元,占中国对外直接投资存量的9.5%。

2. 中国对"一带一路"沿线国家直接投资地区分布

中国对"一带一路"沿线地区和国家的直接投资流量情况分别如表3-12和表3-13所示,其展示了东盟、西亚、南亚、中亚和蒙古国、独联体和中东欧六个地区及各个国家的投资流量情况。"一带一路"沿线地区中,东盟是中国对外直接投资流量最大的流出地。随着"一带一路"相关政策的推进,中国对东盟的直接投资流量在中国对外直接投资流量的占比有扩大趋势,同时中国对南亚地区的直接投资流量份额也开始增加。

表 3-12 2013—2016 年中国对"一带一路"沿线地区直接投资流量

地区	直接投资流量/万美元			
	2013 年	2014 年	2015 年	2016 年
东盟	726718	780927	1460431	1027868
西亚	214780	212098	226678	161508
南亚	46380	148733	115353	108386
中亚和蒙古国	148652	108123	−235254	115529
独联体	116476	94318	305965	145204
中东欧	18085	20422	15625	12667
总值	1271091	1364621	1888798	1571162

数据来源:中国商务部。

表 3-13 2013—2016 年中国对"一带一路"沿线国家直接投资流量

国家	直接投资流量/万美元			
	2013 年	2014 年	2015 年	2016 年
新加坡	203267	281363	1045248	317186
马来西亚	61638	52134	48891	182996
印度尼西亚	156338	127198	145057	146088

国家	直接投资流量/万美元			
	2013 年	2014 年	2015 年	2016 年
缅甸	47533	34313	33172	28769
泰国	75519	83946	40724	112169
老挝	78148	102690	51721	32758
柬埔寨	49933	43827	41968	62567
越南	48050	33289	56017	127904
文莱	852	−328	392	14210
菲律宾	5440	22495	−2759	3221
伊朗	74527	59286	−54996	39037
伊拉克	2002	8286	1231	−5287
土耳其	17855	10497	62831	−9612
叙利亚	−805	955	−356	−69
约旦	77	674	158	613
黎巴嫩	68	9	0	0
以色列	189	5258	22974	184130
沙特阿拉伯	47882	18430	40479	2390
也门	33125	596	−10216	−41315
阿曼	−74	1516	1095	462
阿拉伯联合酋长国	29458	70534	126868	−39138
卡塔尔	8747	3579	14085	9613
科威特	−59	16191	14444	5055
巴林	−534	0	0	3646
埃及	2322	16287	8081	11983
印度	14857	31718	70525	9293
巴基斯坦	16357	101426	32074	63294
孟加拉国	4137	2502	3119	4080

国家	直接投资流量/万美元			
	2013 年	2014 年	2015 年	2016 年
斯里兰卡	7177	8511	1747	−6023
马尔代夫	155	72	0	3341
尼泊尔	3697	4504	7888	34401
不丹	0	0	0	0
蒙古国	38879	50261	−2319	7912
哈萨克斯坦	81149	−4007	−251027	48770
乌兹别克斯坦	4417	18059	12789	17887
土库曼斯坦	−3243	19515	−31457	−2376
吉尔吉斯斯坦	20339	10783	15155	15874
塔吉克斯坦	7233	10720	21931	27241
阿富汗	−122	2792	−326	221
俄罗斯	102225	63356	296086	129307
乌克兰	1014	472	−76	192
白俄罗斯	2718	6372	5421	16094
格鲁吉亚	10962	22435	4398	2077
阿塞拜疆	−443	1683	136	−2466
亚美尼亚	0	0	0	0
摩尔多瓦	0	0	0	0
波兰	1834	4417	2510	−2411
立陶宛	551	0	0	225
爱沙尼亚	0	0	0	0
拉脱维亚	0	0	45	0
捷克	1784	246	−1741	185
斯洛伐克	33	4566	0	0
匈牙利	2567	3402	2320	5746
斯洛文尼亚	0	0	0	2186
克罗地亚	0	355	0	22

国家	直接投资流量/万美元			
	2013 年	2014 年	2015 年	2016 年
波斯尼亚和黑塞哥维那	0	0	162	85
黑山				
塞尔维亚	1150	1169	763	3079
阿尔巴尼亚	56	0	0	1
罗马尼亚	217	4225	6332	1588
保加利亚	2069	2042	5196	−1503
希腊	190	0	−137	2939
塞浦路斯	7634	0	176	525
北马其顿	0	0	−1	0
总值	1271091	1364621	1888798	1571162

数据来源:商务部《中国对外直接投资统计公报》。

2013 年,中国对"一带一路"沿线地区的直接投资流量分布情况如图 3-17 所示。"一带一路"沿线地区中,东盟是中国最大的对外直接投资流入地,其次是西亚,然后是中亚和蒙古国、独联体、南亚和中东欧。2013 年,东盟占中国对"一带一路"沿线地区直接投资流量的 57%;西亚占比为 17%;中亚和蒙古国的占比为 12%;独联体占比 9%;南亚占比 4%;中东欧占比最少,为 1%。

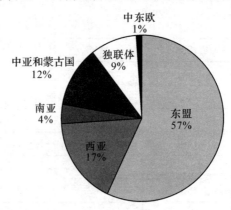

图 3-17 2013 年中国对"一带一路"沿线分地区直接投资流量

数据来源:商务部。

从国家来看,2013 年中国对外直接投资流量前十的国家分别是:新加坡、印度尼西亚、俄罗斯、哈萨克斯坦、老挝、泰国、伊朗、马来西亚、柬埔寨和越南。

2014 年,中国对"一带一路"沿线地区的直接投资流量分布情况如图 3-18 所示。在"一带一路"沿线地区中,东盟仍然是中国最大的对外直接投资流入地,其次是西亚、南亚、中亚和蒙古国,独联体和中东欧紧随其后。其中,南亚超过中亚和蒙古国,成为第三大对外直接投资流入地。2014 年,东盟占中国对"一带一路"沿线地区直接投资流量的 57%;西亚占比为 16%;中亚和蒙古国的占比为 8%;南亚占比 11%;独联体占比 7%;中东欧占比最少,仅占 1%。

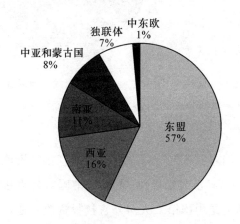

图 3-18　2014 年中国对"一带一路"沿线分地区直接投资流量

数据来源:商务部。

从国家来看,2014 年中国对外直接投资流量前十的国家分别是:新加坡、印度尼西亚、老挝、巴基斯坦、泰国、阿拉伯联合酋长国、俄罗斯、伊朗、马来西亚和蒙古国。

2015 年,中国对"一带一路"沿线地区的直接投资流量分布情况如图 3-19 所示。中国对中亚和蒙古国的直接投资流量有较大幅度下滑,投资流量为负。在"一带一路"沿线地区中,东盟仍然是中国最大的对外直接投资流入地,中国对中东欧地区的直接投资流量则一直很小。2015 年,东盟占中国对"一带一路"沿线地区直接投资流量的 62%;西亚占比为 9%;南亚占比 5%;独联体占比 13%;中东欧占比为 1%。

从国家来看,2015 年中国对外直接投资流量前十的国家分别是:新加坡、俄罗斯、印度尼西亚、阿拉伯联合酋长国、印度、土耳其、越南、老挝、马来西亚和柬埔寨。

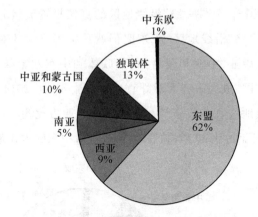

图 3-19　2015 年中国对"一带一路"沿线分地区直接投资流量

注:中国对中亚和蒙古国的直接投资流量为负。

数据来源:商务部。

2016 年,中国对"一带一路"沿线地区的直接投资流量分布情况如图 3-20 所示。在"一带一路"沿线地区中,东盟占中国对外直接投资流量的比值扩大到 66%;西亚地区是中国第二大对外直接投资流入地,占比为 10%;独联体国家(地区)位列其后,占比 9%;中亚和蒙古国的份额为 7%;南亚和中东欧占中国对"一带一路"地区直接投资总额的 7% 和 1%。

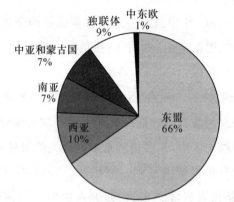

图 3-20　2016 年中国对"一带一路"沿线分地区直接投资流量

数据来源:商务部。

从国家来看,2016 年中国对外直接投资流量前十的国家分别是:新加坡、以色列、马来西亚、印度尼西亚、俄罗斯、越南、泰国、巴基斯坦、柬埔寨和哈萨克斯坦。

3. 中国对东盟地区直接投资情况

东盟地区主要包括新加坡、越南、柬埔寨等 10 个国家,是我国主要的对外投资对象,从图 3-21 可以看出,随着 2013 年"一带一路"倡议实施以来,中国对东盟的直接投资大幅提升,对东盟的直接投资额从 2013 年的 72.7 亿美元上涨至 2016 年的 102.8 亿美元;在中国对"一带一路"沿线国家直接投资的比重也不断提高,从 2013 年的 57％提升至 2016 年的 66％。

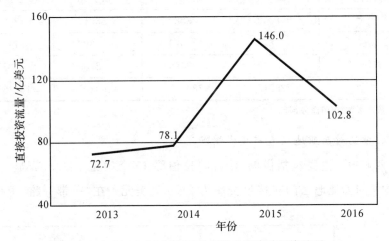

图 3-21　2013—2016 年中国对东盟地区直接投资流量

数据来源:中国商务部。

2013 年,中国对东盟 10 个国家的投资流量为 72.7 亿美元,占对"一带一路"沿线国家投资额的 57.2％。2014 年,中国对东盟地区的投资流量为 78.1 亿美元,同比增长 7.4％,占"一带一路"沿线份额的 57.2％,占中国对外直接投资流量总额的 6.3％。2015 年,中国对东盟地区的投资流量为 146.0 亿美元,同比增长 86.9％,是全球投资增幅的 2 倍,占"一带一路"沿线地区份额的 77.3％。2016 年,中国对东盟地区的投资流量为 102.8 亿美元,同比下降 29.6％,占"一带一路"沿线份额的 65.4％。

从国家来看,在东盟 10 个国家中,中国对新加坡的直接投资最多;对印度尼西亚的直接投资位居第 2;对文莱和菲律宾的直接投资最少。

表 3-14 中国对东盟地区各国直接投资情况

东盟	直接投资额/万美元			
	2013 年	2014 年	2015 年	2016 年
新加坡	203267	281363	1045248	317186
马来西亚	61638	52134	48891	182996
印度尼西亚	156338	127198	145057	146088
缅甸	47533	34313	33172	28769
泰国	75519	83946	40724	112169
老挝	78148	102690	51721	32758
柬埔寨	49933	43827	41968	62567
越南	48050	33289	56017	127904
文莱	852	−328	392	14210
菲律宾	5440	22495	−2759	3221
总值	726718	780927	1460431	1027868

数据来源:中国商务部。

4.中国对西亚地区直接投资情况

西亚地区主要包括伊朗、沙特阿拉伯等 15 个国家。图 3-22 显示,2013 年,中国对西亚地区的直接投资额为 21.5 亿美元。在"一带一路"倡议实施

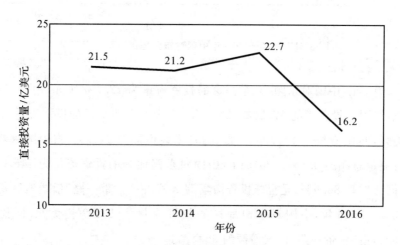

图 3-22 2013—2016 年中国对西亚地区直接投资流量情况

数据来源:中国商务部。

后,中国对西亚地区的直接投资额先增后降,在中国对"一带一路"沿线国家直接投资的份额略有下降。投资份额从 2013 年的 17% 下降至 2016 年的 10%。

2013 年,中国对西亚 15 个国家的投资流量为 21.5 亿美元,占对"一带一路"沿线国家投资额的 16.9%,占中国对外直接投资流量总额的 2.0%。2014 年,中国对西亚地区的投资流量为 21.2 亿美元,同比下降 1.4%,占对"一带一路"沿线投资份额的 15.5%,占中国对外直接投资流量总额的 1.7%。2015 年,中国对西亚地区的投资流量为 22.7 亿美元,同比增长 7.1%,占对"一带一路"沿线投资份额的 12.0%,占中国对外直接投资流量总额的 1.6%。2016 年,中国对西亚地区的投资流量为 16.2 亿美元,同比下降 28.6%,和中国对东亚地区的直接投资流量降幅相近,占对"一带一路"沿线投资份额的 10.3%,占中国对外直接投资流量总额的 0.8%。

表 3-15　中国对西亚地区国家直接投资情况

国家	直接投资额/万美元			
	2013 年	2014 年	2015 年	2016 年
伊朗	74527	59286	−54996	39037
伊拉克	2002	8286	1231	−5287
土耳其	17855	10497	62831	−9612
叙利亚	−805	955	−356	−69
约旦	77	674	158	613
黎巴嫩	68	9	0	0
以色列	189	5258	22974	184130
沙特阿拉伯	47882	18430	40479	2390
也门	33125	596	−10216	−41315
阿曼	−74	1516	1095	462
阿拉伯联合酋长国	29458	70534	126868	−39138
卡塔尔	8747	3579	14085	9613
科威特	−59	16191	14444	5055
巴林	−534	0	0	3646
埃及	2322	16287	8081	11983
总值	214780	212098	226678	161508

数据来源:中国商务部。

从国家来看,自"一带一路"倡议实施以来,中国对以色列的直接投资流量大幅增长,从2013年的189万美元,增长至2016年的18.4亿美元,增长了近一千倍。此外,埃及、沙特阿拉伯和卡塔尔也是中国在西亚地区的主要直接投资流入国,而对黎巴嫩投资流量较少,低于100万美元。

5. 中国对南亚地区直接投资情况

南亚地区主要包括印度、巴基斯坦等7个国家。图3-23显示,2013年,中国对南亚地区的直接投资额为4.6亿美元。随着"一带一路"倡议的实施,中国对南亚地区的直接投资额有较大提升,从2013年的4.6亿美元,直接提高至2014年的14.9亿美元,上涨了2倍。对"一带一路"沿线地区的直接投资占比,也从2013年的3.6%提升至2014年的10.9%。

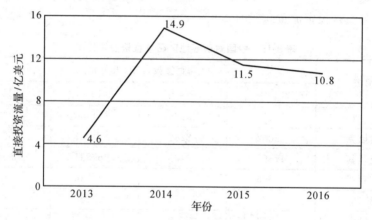

图3-23　2013—2016年中国对南亚地区直接投资流量情况

数据来源:中国商务部。

如表3-16所示,2013年,中国对南亚7个国家的投资流量为4.6亿美元,占对"一带一路"沿线国家投资额的3.6%,占中国对外直接投资流量总额的0.4%。2014年,中国对南亚地区的投资流量为14.9亿美元,占对"一带一路"沿线国家投资额的10.9%,占中国对外直接投资流量总额的1.2%。2015年,中国对南亚地区的投资流量为11.5亿美元,占对"一带一路"沿线国家投资额的6.1%,占中国对外直接投资流量总额的0.8%。2016年,中国对南亚地区的投资流量为10.8亿美元,占对"一带一路"沿线国家投资额的6.9%,占中国对外直接投资流量总额的0.6%。

表 3-16   中国对南亚地区国家直接投资情况

国家	直接投资额/万美元			
	2013 年	2014 年	2015 年	2016 年
印度	14857	31718	70525	9293
巴基斯坦	16357	101426	32074	63294
孟加拉国	4137	2502	3119	4080
斯里兰卡	7177	8511	1747	－6023
马尔代夫	155	72	0	3341
尼泊尔	3697	4504	7888	34401
不丹	0	0	0	0
总值	46380	148733	115353	108386

数据来源：中国商务部。

从国家来看，自"一带一路"倡议实施以来，中国对印度、巴基斯坦和尼泊尔的直接投资流量增长较为迅速。中国对印度的直接投资流量在 2015 年创造历史新高，达 7.1 亿美元，是 2013 年的近 5 倍。中国对巴基斯坦的直接投资流量则在 2014 年达最高，是 2013 年的 6 倍。对尼泊尔的直接投资流量涨幅从 2013 年到 2016 年甚至接近 9 倍。

6. 中国对中亚地区和蒙古国直接投资情况

中亚地区和蒙古国主要包括蒙古国、哈萨克斯坦等 7 个国家。商务部数据显示，2013 年，中国对中亚地区和蒙古国的直接投资额为 14.9 亿美元。在"一带一路"倡议实施后，中国对中亚地区和蒙古国的直接投资流量波动较大，整体呈现下降趋势，在中国对"一带一路"沿线国家的直接投资份额也下降。在 2015 年，中国对中亚地区和蒙古国的直接投资流量有较大幅度的下滑，为负值。在对"一带一路"沿线地区直接投资份额中的占比，从 2013 年的 11.7％下降到 2016 年的 7.4％。

如表 3-17 所示，2013 年中国对中亚地区和蒙古国的投资流量为 14.9 亿美元，占对"一带一路"沿线国家投资额的 11.7％，占中国对外直接投资流量总额的 1.4％。2014 年，中国对中亚地区和蒙古国的投资流量为 10.8 亿美元，占对"一带一路"沿线国家投资总额的 7.9％，占中国对外直接投资流量总额的 0.9％。2015 年，中国对中亚地区和蒙古国的投资流量为－23.5 亿美元，同比

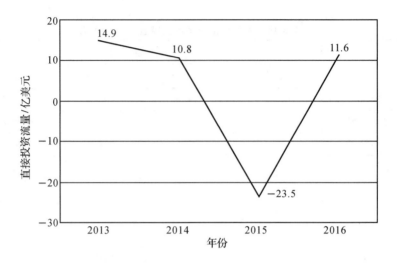

图 3-24　2013—2016 年中国对中亚地区和蒙古国直接投资流量情况

数据来源:中国商务部。

大幅下降,净流量开始呈现负值。2016 年,中国对中亚地区和蒙古国的投资流量为 11.6 亿美元,占对"一带一路"沿线国家投资总额的 7.4%,占中国对外直接投资流量总额的 0.6%。

表 3-17　中国对中亚地区和蒙古国直接投资情况

国家	直接投资额/万美元			
	2013 年	2014 年	2015 年	2016 年
蒙古国	38879	50261	−2319	7912
哈萨克斯坦	81149	−4007	−251027	48770
乌兹别克斯坦	4417	18059	12789	17887
土库曼斯坦	−3243	19515	−31457	−2376
吉尔吉斯斯坦	20339	10783	15155	15874
塔吉克斯坦	7233	10720	21931	27241
阿富汗	−122	2792	−326	221
总值	148652	108123	−235254	115529

数据来源:中国商务部。

从国家来看,如表 3-17 所示,哈萨克斯坦、蒙古国和吉尔吉斯斯坦是中国主要的直接投资流向国。自"一带一路"倡议实施以来,中国对乌兹别克斯坦和塔吉克斯坦的直接投资流量增长较为迅速。分年来看,在2015年,中国对中亚地区和蒙古国的直接投资流量为负,主要是对哈萨克斯坦、土库曼斯坦的直接投资大幅下降。

7. 中国对独联体国家和地区直接投资情况

独联体国家和地区主要包括俄罗斯、乌克兰、白俄罗斯等7个国家。图3-25显示,2013年,中国对独联体国家和地区的直接投资额为11.6亿美元。在"一带一路"倡议实施后,中国对独联体国家和地区的直接投资流量总体上呈现上升态势,中国对"一带一路"沿线国家的直接投资份额也呈上涨态势。在2015年,中国对独联体国家和地区的直接投资流量增长较为明显,直接投资流量达30.6亿美元,是2013年的近3倍,在中国对"一带一路"沿线地区投资额中的占比,也在2015年达到16.2%的历史最高值。

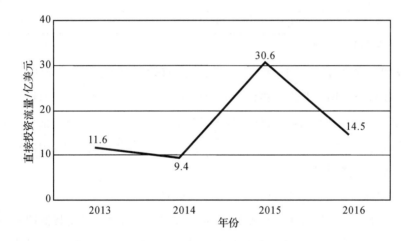

图3-25   2013—2016年中国对独联体国家和地区直接投资流量情况

数据来源:中国商务部。

如表3-18所示,2013年,中国对独联体国家和地区的投资流量为11.6亿美元,占对"一带一路"沿线国家投资总额的9.2%,占中国对外直接投资流量总额的1.1%。2014年,中国对独联体国家和地区的投资流量为9.4亿美元,占对"一带一路"沿线国家投资总额的6.9%,占中国对外直接投资流量总额的0.8%。2015年,中国对独联体国家和地区的直接投资流量为30.6亿美元,占对"一带一路"沿线国家投资总额的16.2%,占中国对外直接投资流量总额的

2.1％。2016 年,中国对独联体国家和地区的投资流量为 14.5 亿美元,占对"一带一路"沿线国家投资总额的 9.2％,占中国对外直接投资流量总额的 0.7％。

表 3-18　中国对独联体国家和地区直接投资情况

国家	直接投资额/万美元			
	2013 年	2014 年	2015 年	2016 年
俄罗斯	102225	63356	296086	129307
乌克兰	1014	472	−76	192
白俄罗斯	2718	6372	5421	16094
格鲁吉亚	10962	22435	4398	2077
阿塞拜疆	−443	1683	136	−2466
亚美尼亚	0	0	0	0
摩尔多瓦	0	0	0	0
总值	116476	94318	305965	145204

数据来源:中国商务部。

从国家来看,如表 3-18 所示,俄罗斯是中国在独联体国家和地区的主要的直接投资流向国。其次是格鲁吉亚和白俄罗斯。自"一带一路"倡议实施以来,中国对白俄罗斯的直接投资流量增长明显。2016 年,中国对白俄罗斯的直接投资流量是 2013 年的近 6 倍。乌克兰则由于政治环境的因素,中国对其直接投资流量下降明显。

8. 中国对中东欧国家和地区直接投资情况

中东欧国家和地区主要包括波兰、捷克等 18 个国家。相比其他国家和地区,中国在中东欧地区的直接投资份额最少,仅占中国对"一带一路"沿线国家和地区直接投资流量的 1％左右。商务部的数据显示,2013 年,中国对中东欧国家和地区的直接投资流量为 1.8 亿美元。在"一带一路"倡议实施之后,中国对中东欧地区的直接投资流量在 2014 年略有增长,达 2.0 亿美元,随后两年都呈下降趋势。

如表 3-19 所示,2013 年,中国对中东欧国家和地区的投资流量为 1.8 亿美元,占对"一带一路"沿线国家和地区投资额的 1.4％,占中国对外直接投资流量总额的 0.2％。2014 年,中国对中东欧国家和地区的投资流量为 2.0 亿美元,占对"一带一路"沿线国家和地区投资总额的 1.5％,占中国对外直接投资流量总额

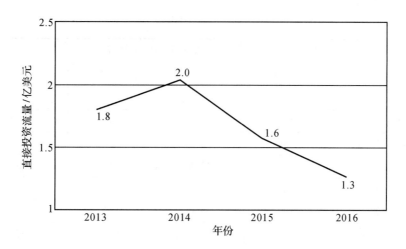

图 3-26　2013—2016 年中国对中东欧地区直接投资流量情况

数据来源:中国商务部。

的 0.2%。2015 年,中国对中东欧国家和地区的投资流量为 1.6 亿美元,占对"一带一路"沿线国家和地区投资总额的 0.8%,占中国对外直接投资流量总额的 0.1%。2016 年,中国对中东欧国家和地区的投资流量为 1.3 亿美元,占对"一带一路"沿线国家和地区投资总额的 0.8%,占中国对外直接投资流量总额的 0.1%。

表 3-19　中国对中东欧国家直接投资情况

国家	直接投资额/万美元			
	2013 年	2014 年	2015 年	2016 年
波兰	1834	4417	2510	−2411
立陶宛	551	0	0	225
爱沙尼亚	0	0	0	0
拉脱维亚	0	0	45	0
捷克	1784	246	−1741	185
斯洛伐克	33	4566	0	0
匈牙利	2567	3402	2320	5746
斯洛文尼亚	0	0	0	2186
克罗地亚	0	355	0	22
波斯尼亚和黑塞哥维那	0	0	162	85

续表

国家	直接投资额/万美元			
	2013 年	2014 年	2015 年	2016 年
黑山				
塞尔维亚	1150	1169	763	3079
阿尔巴尼亚	56	0	0	1
罗马尼亚	217	4225	6332	1588
保加利亚	2069	2042	5196	−1503
希腊	190	0	−137	2939
塞浦路斯	7634	0	176	525
北马其顿	0	0	−1	0
总值	18085	20422	15625	12667

数据来源:中国商务部。

从国家来看,如表 3-19 所示,波兰、塞尔维亚、匈牙利等是中国在中东欧地区的主要直接投资流向国。不过相比其他地区,中国在中东欧地区的直接投资流量并不是特别多,波动也较大。总体来看,自"一带一路"倡议实施以来,中国对罗马尼亚的直接投资流量增长最为明显,尤其是 2014 年增长超过 10 倍,其他增长幅度较大的国家包括塞尔维亚、保加利亚、希腊等国。

三、"一带一路"沿线国家经济与贸易发展评估

(一)"一带一路"沿线国家国民生产总值概况

如表 3-20 所示,2013 年,"一带一路"沿线 61 个国家(希腊、叙利亚和塞浦路斯三个国家数据缺失,科威特 2016 年 GDP 数据缺失)的国内生产总值(GDP)为 13.3 万亿美元,同比上涨 3.5%,占全球 GDP 的比重为 17.3%。2014 年,"一带一路"沿线国家的 GDP 为 13.4 万亿美元,同比提高了 0.8%,占全世界 GDP 的 17.0%。2015 年,"一带一路"沿线国家的 GDP 为 12.0 万亿美元,同比下降了 10.4%,占全世界 GDP 的 16.1%。2016 年,"一带一路"沿线国家的 GDP 为 12.1 万亿美元,同比上涨了 0.8%,占全世界 GDP 的 16.0%,见表 3-20。

表 3-20　2013—2016 年全世界与"一带一路"沿线国家的 GDP

时间	世界		"一带一路"沿线国家	
	GDP/万亿美元	增速/%	GDP/万亿美元	增速/%
2013 年	76.9	2.8	13.3	3.5
2014 年	78.9	2.5	13.4	0.8
2015 年	74.5	−5.5	12.0	−10.4
2016 年	75.5	1.4	12.1	0.8

数据来源:国研网统计数据库。

　　"一带一路"沿线国家和全球 GDP 增速的对比情况如图 3-27 所示,2013 年,"一带一路"沿线国家的 GDP 增速为 3.5%,高于全球 GDP 增速 2.8% 的水平。2014 年开始,"一带一路"沿线国家和地区的 GDP 增速都低于世界 GDP 增速:2014 年,"一带一路"沿线国家和地区的 GDP 增速为 0.2%,低于全世界 2.5% 的水平;2015 年,"一带一路"沿线国家的 GDP 同比下降了 10.3%,几乎是全球 GDP 降幅的 2 倍;2016 年,"一带一路"沿线国家的 GDP 同比提高了 0.5%,而全世界的生产总值则同比提高了 1.4%。

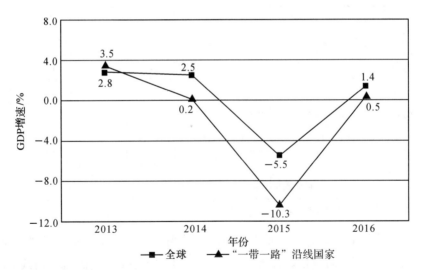

图 3-27　"一带一路"沿线国家和全球 GDP 增速情况

数据来源:国研网统计数据库。

(二)"一带一路"沿线地区生产总值情况

分地区来看,2013—2016 年"一带一路"沿线地区的 GDP 如表 3-21 所示,GDP 占比以西亚地区最高,占"一带一路"沿线地区 GDP 的 1/4 以上,2013 年最高达 40189.3 亿美元,占比 30.1%。南亚地区和东盟地区的 GDP 占比也接近 20%,中亚地区和蒙古国的 GDP 占比最低,不到 3%。

2014 年开始,各个地区 GDP 总额大多处于下降趋势,但随着"一带一路"倡议的推进,东盟地区和南亚地区在沿线地区 GDP 总额中的占比在不断提高,与独联体国家和地区形成了对比。2013 年,东盟地区 GDP 占"一带一路"沿线地区 GDP 总额的 18.8%,到 2016 年,这一占比已经上升至 21.2%。南亚地区的 GDP 占比也从 2013 年的 17.5% 提高至 2016 年的 23.9%,而独联体国家和地区的 GDP 占比则从 2013 年的 19.5% 降至 2016 年的 12.4%。GDP 增速方面,南亚地区的表现较好,四年的 GDP 增速均为正数,而其他地区在 2015 年GDP 均有较大程度的下滑;中亚地区和蒙古国以及独联体国家和地区的 GDP 增速波动最大,独联体国家和地区在 2015 年的 GDP 甚至下滑三成。

表 3-21   2013—2016 年"一带一路"沿线地区 GDP 规模和增速

地区	GDP 规模/亿美元				GDP 增速/%			
	2013 年	2014 年	2015 年	2016 年	2013 年	2014 年	2015 年	2016 年
东盟	25075.2	25270.8	24476.0	25546.9	3.3	0.8	−3.1	4.4
西亚	40189.3	39760.5	35787.7	34688.9	2.9	−1.1	−10.0	−3.1
南亚	23361.1	25570.5	26853.0	28768.9	2.6	9.5	5.0	7.1
中亚和蒙古国	3819.9	3769.9	3330.7	2811.9	11.7	−1.3	−11.7	−15.6
独联体	25988.7	23873.2	15974.6	14933.4	3.3	−8.1	−33.1	−6.5
中东欧	15130.9	15538.7	13603.3	13846.9	5.5	2.7	−12.5	1.8

数据来源:国研网统计数据库。

从国家来看,见表 3-22,俄罗斯、印度、土耳其、印度尼西亚、沙特阿拉伯、波兰、伊朗、泰国、阿拉伯联合酋长国、马来西亚和埃及是"一带一路"沿线 GDP 最高的 11 个国家。自"一带一路"倡议实施以来,印度的 GDP 增长表现明显,从 2015 年开始,取代俄罗斯成为沿线 GDP 最高的国家。从 GDP 增速来看,沿线国家中,东盟柬埔寨、老挝以及南亚的孟加拉国、巴基斯坦等增速较快。

表 3-22 "一带一路"沿线国家国民生产总值情况

国家	GDP 规模/亿美元				GDP 增速/%			
	2013 年	2014 年	2015 年	2016 年	2013 年	2014 年	2015 年	2016 年
新加坡	3025.1	3081.4	2968.4	2969.7	4.6	1.9	−3.7	0.0
马来西亚	3232.8	3380.7	2962.8	2963.6	2.8	4.6	−12.4	0.0
印度尼西亚	9125.2	8908.1	8612.6	9322.6	−0.6	−2.4	−3.3	8.2
缅甸	601.3	655.7	626.0	674.3	0.7	9.0	−4.5	7.7
泰国	4205.3	4065.2	3992.3	4068.4	5.8	−3.3	−1.8	1.9
老挝	119.4	132.7	143.9	159.0	17.2	11.1	8.5	10.5
柬埔寨	154.5	167.8	180.5	200.2	10.1	8.6	7.6	10.9
越南	1712.2	1862.0	1932.4	2026.2	9.9	8.8	3.8	4.9
文莱	180.9	171.2	129.3	114.0	−5.0	−5.4	−24.5	−11.8
菲律宾	2718.4	2845.8	2927.7	3049.1	8.7	4.7	2.9	4.1
伊朗	5116.2	4253.3	3934.4	4253.0	−12.9	−16.9	−7.5	8.1
伊拉克	2346.5	2346.5	1796.4	1714.9	7.6	0.0	−23.4	−4.5
土耳其	9506.0	9341.7	8593.8	8577.5	8.8	−1.7	−8.0	−0.2
约旦	335.9	358.3	375.2	386.5	8.6	6.6	4.7	3.0
黎巴嫩	443.5	457.3	470.8	475.4	2.7	3.1	3.0	1.0
以色列	2933.1	3087.7	2994.2	3187.4	13.8	5.3	−3.0	6.5
沙特阿拉伯	7466.5	7563.5	6542.7	6464.4	1.5	1.3	−13.5	−1.2
也门	404.2	432.3	377.3	273.2	14.2	7.0	−12.7	−27.6
阿曼	789.4	810.3	698.3	662.9	2.9	2.7	−13.8	−5.1
阿拉伯联合酋长国	3904.3	4032.0	3579.5	3487.4	4.2	3.3	−11.2	−2.6
卡塔尔	1987.3	2062.2	1646.4	1524.7	6.4	3.8	−20.2	−7.4
科威特	1741.6	1626.3	1140.4	—	0.1	−6.6	−29.9	—
巴林	329.0	333.9	311.3	318.6	7.0	1.5	−6.8	2.4
埃及	2885.9	3055.3	3327.0	3363.0	3.3	5.9	8.9	1.1
印度	18567.2	20353.9	21117.5	22635.2	1.6	9.6	3.8	7.2
巴基斯坦	2312.2	2443.6	2710.5	2836.6	3.0	5.7	10.9	4.7

国家	GDP 规模/亿美元				GDP 增速/%			
	2013 年	2014 年	2015 年	2016 年	2013 年	2014 年	2015 年	2016 年
孟加拉国	1499.9	1728.9	1950.8	2214.2	12.5	15.3	12.8	13.5
斯里兰卡	743.2	793.6	806.1	813.2	8.6	6.8	1.6	0.9
马尔代夫	28.0	30.9	34.4	35.9	11.0	10.7	11.0	4.5
尼泊尔	192.7	200.0	213.1	211.4	2.2	3.8	6.6	−0.8
不丹	18.0	19.6	20.6	22.4	−1.4	8.9	5.1	8.7
蒙古国	125.8	122.3	117.4	111.6	2.4	−2.8	−4.0	−4.9
哈萨克斯坦	2366.3	2214.2	1843.9	1336.6	13.8	−6.4	−16.7	−27.5
乌兹别克斯坦	576.9	630.7	669.0	672.2	11.3	9.3	6.1	0.5
土库曼斯坦	392.0	435.2	358.0	361.8	11.5	11.0	−17.7	1.1
吉尔吉斯斯坦	73.4	74.7	66.8	65.5	11.1	1.8	−10.6	−1.9
塔吉克斯坦	85.1	92.4	78.5	69.5	11.4	8.6	−15.0	−11.5
阿富汗	200.5	200.5	197.0	194.7	−2.4	0.0	−1.7	−1.2
俄罗斯	22306.3	20636.6	13658.7	12831.6	2.8	−7.5	−33.8	−6.1
乌克兰	1833.1	1335.0	910.3	932.7	4.3	−27.2	−31.8	2.5
白俄罗斯	755.3	788.1	564.5	474.3	15.0	4.4	−28.4	−16.0
格鲁吉亚	161.4	165.1	139.9	143.3	1.9	2.3	−15.2	2.4
阿塞拜疆	741.6	752.4	530.7	378.5	6.4	1.5	−29.5	−28.7
亚美尼亚	111.2	116.1	105.3	105.5	4.7	4.4	−9.3	0.2
摩尔多瓦	79.9	79.8	65.1	67.5	9.6	0.0	−18.4	3.6
波兰	5242.1	5451.5	4773.4	4695.1	4.8	4.0	−12.4	−1.6
立陶宛	464.7	485.5	414.0	427.4	8.5	4.5	−14.7	3.2
爱沙尼亚	250.8	262.1	224.6	231.4	8.8	4.5	−14.3	3.0
拉脱维亚	302.5	313.5	270.3	276.8	7.6	3.6	−13.8	2.4
捷克	2094.0	2078.2	1851.6	1929.2	1.0	−0.8	−10.9	4.2
斯洛伐克	984.8	1007.6	872.7	895.5	5.4	2.3	−13.4	2.6

国家	GDP 规模/亿美元				GDP 增速/%			
	2013 年	2014 年	2015 年	2016 年	2013 年	2014 年	2015 年	2016 年
匈牙利	1346.8	1392.9	1217.2	1243.4	5.8	3.4	−12.6	2.2
斯洛文尼亚	476.9	495.3	427.8	439.9	3.1	3.9	−13.6	2.8
克罗地亚	577.7	570.8	486.8	504.3	2.3	−1.2	−14.7	3.6
波斯尼亚和黑塞哥维那	181.5	185.2	161.7	165.6	5.5	2.0	−12.7	2.4
黑山	44.6	45.9	40.2	41.7	9.2	2.8	−12.4	3.8
塞尔维亚	455.2	442.1	371.6	377.5	11.7	−2.9	−15.9	1.6
阿尔巴尼亚	127.8	132.2	113.9	119.3	3.7	3.4	−13.8	4.7
罗马尼亚	1915.5	1994.9	1775.2	1866.9	11.6	4.1	−11.0	5.2
保加利亚	557.6	567.3	502.0	524.0	3.4	1.7	−11.5	4.4
北马其顿	108.2	113.6	100.5	109.0	11.0	5.0	−11.5	8.4

数据来源："一带一路"大数据综合服务门户。

2013 年，"一带一路"沿线地区的 GDP 为 133565.1 亿美元，各地区的 GDP 占比情况如图 3-28 所示。沿线地区中，西亚地区的 GDP 最高，为 40189.3 亿美元，占"一带一路"沿线地区 GDP 总量的 30.1%，相比 2012 年同期增长了 2.9%。独联体国家和地区的 GDP 仅次于西亚地区，为 25988.7 亿美元，同比增长了 3.3%，占"一带一路"沿线地区 GDP 总量的 19.5%，其中，俄罗斯的 GDP 为 22306.3 亿美元，是独联体国家和地区中 GDP 最大的国家。东盟地区的 GDP 为 25075.2 亿美元，同比增长 3.3%，占"一带一路"沿线地区 GDP 总量的 18.8%。南亚地区的 GDP 为 23361.1 亿美元，同比增长 2.6%，占"一带一路"沿线地区 GDP 总量的 17.5%，其中印度的 GDP 达 18567.2 亿美元，占南亚地区 GDP 总量的八成。中东欧地区的 GDP 为 15130.9 亿美元，同比增长 5.5%，占"一带一路"沿线地区 GDP 总量的 11.3%。中亚地区和蒙古国的 GDP 在"一带一路"沿线地区中所占的比重最低，仅为 2.9%，GDP 总额为 3819.9 亿美元，其中哈萨克斯坦的 GDP 为 2366.3 亿美元。

2014 年，"一带一路"沿线地区的 GDP 为 133783.6 亿美元，相比 2013 年增长了 0.2%，各地区的 GDP 占比情况如图 3-29 所示。沿线地区中，西亚地

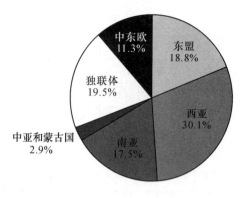

图 3-28　2013 年"一带一路"沿线地区 GDP 情况

数据来源:国研网统计数据库。

区仍然是 GDP 最高的地区,为 39760.5 亿美元,但相比 2013 年略有下降,下降了 1.1%,在"一带一路"沿线地区 GDP 总量的占比也略微下降至 29.7%。印度 2014 年的 GDP 增长率高达 9.6%,而俄罗斯的 GDP 反而下滑了 7.5%,导致南亚地区超过独联体国家和地区,成为"一带一路"沿线地区中 GDP 第二高的地区。南亚地区的 GDP 为 25570.5 亿美元,同比增长了 9.5%,占"一带一路"沿线地区 GDP 总量的 19.1%;独联体国家和地区的 GDP 为 23873.2 亿美元,同比下降了 8.1%,占"一带一路"沿线地区 GDP 总量的 17.8%。东盟地区经济相比 2013 年缓慢增长,GDP 为 25270.8 亿美元,同比增长 0.8%,占"一带一路"沿线地区 GDP 总量的 18.9%。中东欧地区的 GDP 为 15538.7 亿美元,同比增长 2.7%,占"一带一路"沿线地区 GDP 总量的 11.6%。中亚地区和蒙古国的 GDP 为 3769.9 亿美元,相比上一年下降了 1.3%,仅占"一带一路"沿线地区 GDP 总量的 2.8%。

　　2015 年,"一带一路"沿线地区的 GDP 为 120025.3 亿美元,相比 2013 年降低了 10.1%,各地区的 GDP 占比情况如图 3-30 所示。西亚地区是沿线地区中 GDP 最高的地区,GDP 为 35787.7 亿美元,同比下降了 10%,下降幅度相比上一年有所扩大,在"一带一路"沿线地区 GDP 总量的占比和上一年几乎持平,为 29.8%。南亚地区中,印度在 2015 年继续表现出了强劲的经济增长活力,在全球和地区经济普遍下滑的背景下,经济仍然有 3.8% 的增长。南亚地区 GDP 也因此进一步增长了 5%,达 26853 亿美元,占"一带一路"沿线地区

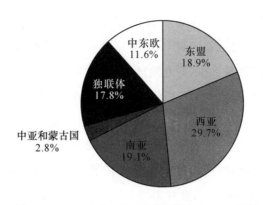

图 3-29 2014 年"一带一路"沿线地区 GDP 情况

数据来源:国研网统计数据库。

GDP 总量的 22.4%。俄罗斯的经济在 2015 年下滑了三成以上,作为独联体国家和地区中最重要的经济体,俄罗斯经济的低迷直接导致了独联体国家和地区的经济在 2015 年下降了 33.1%,为 15974.6 亿美元,占"一带一路"沿线地区 GDP 总量的 13.3%,份额相比上一年也有所下降。东盟地区的经济相比上一年下降了 3.1%,GDP 总量为 24476 亿美元,占"一带一路"沿线地区 GDP 总量的 20.4%,占比进一步扩大。中东欧地区的 GDP 为 13603.3 亿美元,同比下降了 12.5%,占"一带一路"沿线地区 GDP 总量的 11.3%,相比上一年下降了 0.3%。中亚地区和蒙古国的 GDP 为 3330.7 亿美元,相比上一年下降了 11.7%。

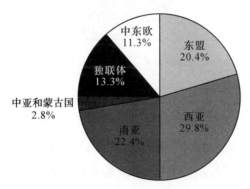

图 3-30 2015 年"一带一路"沿线地区 GDP 情况

数据来源:国研网统计数据库。

2016 年，"一带一路"沿线地区的 GDP 为 120596.9 亿美元，结束了 2015 年的下滑态势，GDP 总量相比 2015 年增长了 0.5%，各地区的 GDP 占比情况如图 3-31 所示。沿线地区中，西亚地区 GDP 占比最高，达 28.8%，GDP 总量相比 2015 年下降了 3.1%，为 34688.9 亿美元，在"一带一路"沿线地区 GDP 总量的占比下降至 28.8%。2016 年，南亚地区的印度继续保持了较好的经济增长，GDP 增长率高达 7.2%，GDP 达 22635.2 亿美元。在印度的强力推动下，2016 年南亚地区的经济相比上一年增长了 7.1%，为 28768.9 亿美元，占"一带一路"沿线地区 GDP 总量的 23.9%，比重进一步扩大。东盟地区经济相比 2015 年增长了 4.4%，GDP 为 25546.9 亿美元，占"一带一路"沿线地区 GDP 总量的 21.2%。中东欧地区的 GDP 为 13846.9 亿美元，同比增长 1.8%，占"一带一路"沿线地区 GDP 总量的 11.5%。中亚地区和蒙古国的经济进一步下滑，GDP 为 2811.9 亿美元，相比上一年下降了 15.6%，在"一带一路"沿线地区 GDP 总量的占比也下滑至 2.3%。

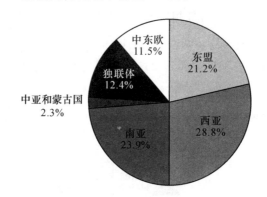

图 3-31　2016 年"一带一路"沿线地区 GDP 情况

数据来源：国研网统计数据库。

（三）"一带一路"沿线国家对外贸易概况

2013 年，"一带一路"沿线国家的对外贸易总额为 91400.4 亿美元（全球贸易数据来自世界银行），占全世界进出口贸易总额的 24.1%。受全球经济不景气的影响，沿线国家的对外贸易逐渐呈现下降趋势，2014 年开始，在"一带一路"倡议推行的大背景下，沿线国家的进出口贸易整体上仍然呈下降趋势。2014 年，"一带一路"沿线国家的进出口贸易总额为 90815.1 亿美元，相比

2013 年同比下降 0.6％。2015 年，"一带一路"沿线国家的进出口总额为 75011.2 亿美元,同比下降 17.4％。2016 年,"一带一路"沿线国家的进出口总额为 72383.3 亿美元,同比下降 3.5％。

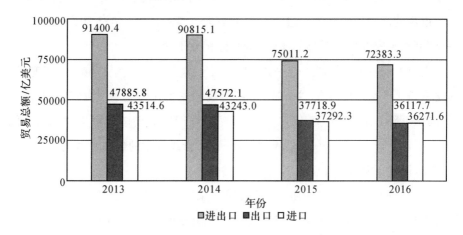

图 3-32 2013—2016 年"一带一路"沿线国家贸易情况

数据来源:"一带一路"大数据综合服务门户,http://www.bigdataobor.com/index.php/dataqueryint/macro.

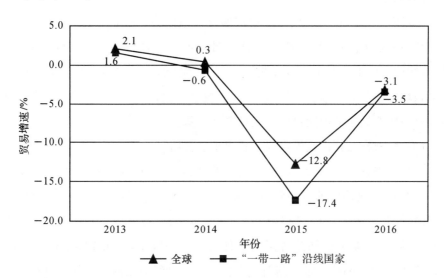

图 3-33 2013—2016 年"一带一路"沿线国家和全球贸易增速情况

数据来源:"一带一路"大数据综合服务门户与世界银行。

"一带一路"沿线国家和全球贸易增速的对比情况如图 3-33 所示,2013 年开始,"一带一路"沿线国家的贸易增速波动较大,都低于世界同期水平。分析其原因,主要是"一带一路"沿线以发展中国家和资源输出国为主,经济发展受国际市场的需求影响较大。进出口额的数据也显示,2013 年至 2016 年,"一带一路"沿线国家的出口额略高于进口额,但相差不大。

　　出口方面,2013 年,"一带一路"沿线国家的出口总额为 47885.8 亿美元,同比增长 1.5%。2014 年,"一带一路"沿线国家的出口总额为 47572.1 亿美元,同比下降 0.7%。2015 年,"一带一路"沿线国家的出口总额为 37719.0 亿美元,同比下降 20.7%。2016 年,"一带一路"沿线国家的出口总额为 36117.7 亿美元,同比下降 4.2%。

　　进口方面,2013 年,"一带一路"沿线国家的进口总额为 43514.6 亿美元,同比增长 1.6%。2014 年,"一带一路"沿线国家的进口总额为 43243.0 亿美元,同比下降 0.6%。2015 年,"一带一路"沿线国家的进口总额为 37292.3 亿美元,同比下降 13.8%。2016 年,"一带一路"沿线国家的进口总额为 36271.6 亿美元,同比下降 2.7%。

　　不难看出,自 2014 年"一带一路"倡议实施以来,"一带一路"沿线国家的对外贸易呈现下降趋势,世界经济低迷带来的全球性贸易不景气在"一带一路"沿线国家中也得到了充分体现。"一带一路"倡议虽然在包括贸易在内的诸多领域实施了诸多措施,但整体上作用效果有限,对"一带一路"沿线国家进出口贸易影响最大的因素仍然是全球经济形势。

(四)"一带一路"沿线国家对外贸易地区分布

　　分地区来看,2013—2016 年"一带一路"沿线地区的对外贸易如表 3-23 所示,2013 年,西亚地区的对外贸易总量(进出口贸易额)最大,为 26070.8 亿美元,其次为东盟地区,为 25138 亿美元,中东欧地区、独联体国家和地区以及南亚紧随其后,中亚地区和蒙古国的对外贸易总额最小,仅为 2185.8 亿美元。2014 年开始,尽管有"一带一路"倡议的推进,但沿线国家的对外贸易总额仍然呈下降趋势,但不难看出,东盟地区在"一带一路"沿线国家对外贸易总额中所占比重明显提高。2015 年开始,东盟地区开始取代西亚成为"一带一路"沿线地区中对外贸易总额最大的地区。2016 年,东盟地区对外贸易额为 22184.7

亿美元,独联体国家和地区的对外贸易额也明显下降,为6402.5亿美元。

表 3-23 2013—2016 年"一带一路"沿线地区进出口总额

地区	进出口总额/万美元			
	2013 年	2014 年	2015 年	2016 年
东盟	25138.0	25191.1	22524.0	22184.7
西亚	26070.8	25598.1	19985.6	18534.9
南亚	9553.9	9733.9	8385.9	8108.5
中亚和蒙古国	2185.8	2049.4	1466.5	1288.6
独联体	11512.9	10525.9	7110.9	6402.5
中东欧	16939.1	17716.9	15538.3	15864.0
总计	91400.4	90815.1	75011.2	72383.3

数据来源:"一带一路"大数据综合服务门户。

2013 年,"一带一路"沿线地区的对外贸易额为 91400.4 亿美元,进出口的地区分布情况如图 3-34 所示。沿线地区中,西亚地区的对外贸易总量最大,占"一带一路"沿线国家对外贸易总量的 28.5%;其次是东盟地区,占比为 27.5%;中东欧占比为 18.5%;独联体国家和地区占比为 12.6%;南亚地区占比为 10.5%;中亚地区和蒙古国的占比仅为 2.4%。

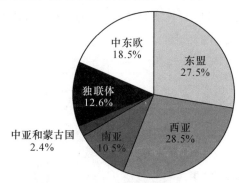

图 3-34 2013 年"一带一路"沿线地区对外贸易分布

数据来源:"一带一路"大数据综合服务门户。

2014 年,"一带一路"沿线地区的对外贸易额为 90815.1 亿美元,相比2013 年略有下降。进出口的地区分布情况如图 3-35 所示。沿线地区中,西亚地区的对外贸易总量最大,占"一带一路"沿线国家对外贸易总量的28.2%;其次是东盟地区,占比为27.7%;中东欧占比为19.5%;独联体国家和地区占比为11.6%;南亚地区占比为10.7%;中亚地区和蒙古国的占比仅为2.3%。

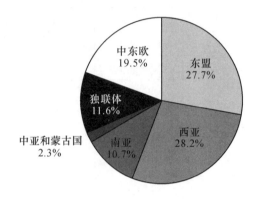

图 3-35 2014 年"一带一路"沿线地区对外贸易情况

数据来源:"一带一路"大数据综合服务门户。

2015 年,"一带一路"沿线地区的对外贸易额为 75011.2 亿美元,相比 2014 年有较大幅度下降。进出口的地区分布情况如图 3-36 所示。东盟地区超过西亚地区成为"一带一路"沿线地区中对外贸易额最多的地区,占比为 30.0%;其次是西亚地区,占比为 26.6%;中东欧地区占比略有提升,为 20.7%;南亚地区占比为 11.2%;独联体国家和地区的占比为 9.5%;中亚地区和蒙古国的占比仅为 2.0%。

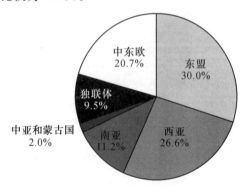

图 3-36 2015 年"一带一路"沿线地区对外贸易情况

数据来源:"一带一路"大数据综合服务门户。

2016 年，"一带一路"沿线地区的对外贸易总额相比上年继续下降，为72383.3 亿美元。进出口的地区分布情况如图 3-37 所示，东盟地区的对外贸易相比沿线其他地区更为乐观，对外贸易额占比进一步提升至 30.6%；西亚地区的对外贸易占比略微下降为 25.6%；中东欧地区占比略有提升，为 21.9%；南亚地区占比为 11.2%；独联体国家和地区的占比为 8.8%；中亚地区和蒙古国的占比仅为 1.8%。

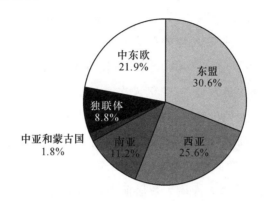

图 3-37　2016 年"一带一路"沿线地区对外贸易情况

数据来源："一带一路"大数据综合服务门户。

四、"一带一路"沿线国家人员往来评估

(一)"一带一路"沿线国家人员往来现状

公安部出入境管理局统计数据显示，2014—2016 年，出入境人员数量同比稳步增长。随着"一带一路"倡议的推进，在政策沟通、设施联通、贸易畅通、资金融通、民心相通等方面取得了一系列成果。作为体现"民心相通"的重要方面，"一带一路"沿线国家同中国的人员往来和联系不断增强。俄罗斯、印度、越南、马来西亚、蒙古国、新加坡、菲律宾、泰国是"一带一路"沿线国家中与中国人员往来较多的国家。休闲观光(旅游)、留学和就业是人员往来的重要形式。

2014 年，内地居民出入境人数同比大幅增长，首次突破 2 亿人次，达到2.33 亿人次，同比增长 18.7%，占出入境人员总数的 47.55%。内地居民出境前往的国家和地区，居前五位的分别是：中国香港、中国澳门、韩国、泰国、中国

台湾。与此同时,外国人入出境人数同比小幅增长,外国人入出境共 5266.81 万人次,同比增长 0.3%。其中入境 2636.89 万人次。外国人入境人数居前十位的国家分别是:韩国、日本、美国、俄罗斯、越南、马来西亚、蒙古国、新加坡、菲律宾、印度。

入境外国人中,观光休闲 892.99 万人次,会议商务 426.60 万人次,交通运输工具服务员工 328.54 万人次,访问 112.97 万人次,就业 94.12 万人次,探亲访友 60.33 万人次,定居 27.75 万人次,学习 25.36 万人次,其他入境目的 668.23 万人次。分别占入境外国人总数的 33.87%、16.18%、12.46%、4.28%、3.57%、2.29%、1.05%、0.96% 和 25.34%。

2015 年,内地居民出入境 2.55 亿人次,同比增长 9.44%,占出入境人员总数 48.84%。内地居民出境前往的国家和地区,居前十位的分别是:中国香港、中国澳门、泰国、韩国、日本、中国台湾、越南、美国、新加坡、俄罗斯。与此同时,外国人入出境人数同比下降 1.43 个百分点,为 5191.59 万人次,其中入境 2599.80 万人次。外国人入境人数居前十位的国家分别是:韩国、日本、越南、美国、俄罗斯、马来西亚、新加坡、蒙古国、加拿大、澳大利亚。

入境外国人中,观光休闲 825.24 万人次,会议商务 483.62 万人次,交通运输工具服务员工 350.25 万人次,访问 54.19 万人次,就业 88.79 万人次,探亲访友 79.77 万人次,定居 28.63 万人次,学习 26.61 万人次,其他入境目的 662.70 万人次。分别占入境外国人总数的 31.74%、18.60%、13.47%、2.08%、3.42%、3.07%、1.10%、1.02% 和 25.49%。

2016 年,内地居民出入境达到 2.73 亿人次,同比增长 7.06%,占出入境人员总数 47.89%。内地居民出境前往的国家和地区,居前十位的分别是:中国香港、中国澳门、泰国、韩国、日本、越南、中国台湾、美国、新加坡、马来西亚。同时,外国人入出境人数增幅明显。2016 年,外国人入出境 7630.54 万人次(含外国边民 1977.61 万人次)。入境外国人(不含外国边民)人数居前十位的国家分别是:韩国、日本、美国、俄罗斯、蒙古国、马来西亚、菲律宾、新加坡、印度、泰国。

入境外国人中,观光休闲 1419.74 万人次,访问 52.13 万人次,服务员工 594.36 万人次,会议商务 598.02 万人次,就业 86.78 万人次,学习 32.43 万人次,探亲访友 96.44 万人次,定居 29.27 万人次,其他目的入境 931.44 万人次。入境外国人主要来华目的为观光休闲,同比增长 72.04%。

(二)"一带一路"沿线国家留学往来情况

1. 中国与"一带一路"沿线国家留学往来概况

"推动沿线国家民心相连通是'一带一路'建设的社会根基,而扩大相互间的留学规模,开展合作办学,是实现民心相通的重要途径。"[①]"一带一路"提出以来,随着双方经贸往来和文化交流的进一步开展,包括留学在内的人员往来进一步密切,相关国家的留学关注度不断提高。国家先后出台了一系列政策文件促进相互之间的留学往来,中国和"一带一路"沿线国家之间的留学往来有较快增长。

过去十来年间,中国的高等教育发展迅速,教育质量提升明显,中国已成长为仅次于欧美的世界第三大留学生输入国。与此形成鲜明对比的是,"一带一路"沿线国家,除了新加坡、俄罗斯、印度等国外,教育资源和质量都极度匮乏。毫无疑问,中国经济的发展与综合国力的快速提升吸引了包括"一带一路"沿线国家在内的国际人才来华留学和发展。相对的,"一带一路"沿线的东南亚和南亚的教育国际化水平较高,特别是新加坡和马来西亚对包括中国在内的国际留学生有一定的吸引力。除此之外,"一带一路"倡议的实施催生出新的人才需求,随着"一带一路"倡议的不断推进,外语能力强、专业知识扎实的留学人才成为"一带一路"人才储备的重要来源,也在一定程度上刺激中国留学生向相关国家分散。

2015 年 3 月 28 日,国家发展和改革委员会、外交部、商务部联合发布了关于"一带一路"的指导性文件《推动共建丝绸之路经济带和 21 世纪海上丝绸之路的愿景与行动》。该文件强调在"一带一路"沿线广泛开展文化交流、学术往来、人才交流合作等项目。随后,教育部出台的《推进共建"一带一路"教育行动》,提出要为"一带一路"沿线各国专项培养行业领军人才和优秀技能人才,全面提升来华留学人才培养质量,把中国打造成为深受沿线各国学子欢迎的留学目的国。

---

① 2015 年 3 月发布的《推动共建丝绸之路经济带和 21 世纪海上丝绸之路的愿景与行动》中提出。

随着一系列指导性文件的出台,各部委、地方、院校也迅速设立了诸多面向"一带一路"沿线国家留学生的具体项目和支持计划,比如筹建"一带一路"高校联盟、设立面向来华留学生的奖学金等。

2016年4月,中共中央办公厅、国务院办公厅印发《关于做好新时期教育对外开放工作的若干意见》,强调"实施'一带一路'教育行动,促进沿线国家教育合作"。扩大中国政府奖学金资助规模,设立"丝绸之路"中国政府奖学金,每年资助1万名沿线国家新生来华学习或研修。2016年8月4日,"一带一路"高等教育国际会议在海南省成功召开。中国决定每年向"一带一路"沿线国家提供1万个政府奖学金名额,旨在扩大互相间留学生规模,带动区域文化交流。

2. "一带一路"沿线国家成为来华留学生新的增长点

传统意义上,中国周边国家及美国、法国、德国等经济往来密切的国家是来华留学生的主要来源,但不难看出"一带一路"沿线国家来华留学生增长明显。来自这些国家的来华留学生,对于将来推动"一带一路"沿线的建设和发展都具有重要意义。

2014年,共有203个国家和地区的37.7万名留学生来华留学。与此同时,随着中国经济回归新常态,加工业向东南亚转移,以及美国经济的强劲反弹,造成了传统来华留学强国增长停滞,甚至下降。但随着产业转移,中国影响力的进一步扩大,尤其是"一带一路"倡议的推进,来华留学的新生力量也开始崛起,非洲与东南亚进入高速增长阶段。

2015年,来华留学生主要来源于203个国家和地区,共有397653名留学生。前三位生源国是韩国、美国、泰国,与往年保持一致。从生源数量来看,生源增长的力量主要来自亚洲和非洲国家,增幅达6.5%和19.47%。亚洲、欧洲、非洲、美洲、大洋洲来华留学生总人数分别为240154、66746、49792、34934、6009人。留学生生源国覆盖范围稳定的同时,"一带一路"沿线国家成为来华留学发力点。

图3-38显示,分地区来看,东南亚国家是中国最主要的留学生来源地之一,中国也是东南亚国家留学生的一个主要目的地。2015年东南亚国家出国留学生共计22.7万人,其中7.12万人到中国留学。南亚国家的来华留学事

业近年来发展迅猛,2015 年来华留学生达 4.3 万人,较 2014 年增长了 21.19%,是带动来华留学人数增长的主力,其中印度 2015 年来华留学人数增加了 3116 人,巴基斯坦增加了 2291 人。2015 年,中东国家共有 41.7 万多人出国留学,来华留学生只有 12278 人,占比仅为 3%。2015 年中东国家来华留学生较上年仅增 5.52%,低于"一带一路"来华留学生增长的平均水平。独联体国家同中国在教育方面的合作起步早,程度高,来华留学生数量较多,但留学生增长已经趋于饱和,与 2014 年相比,2015 年来自欧洲独联体国家的留学生人数出现了下降的趋势。

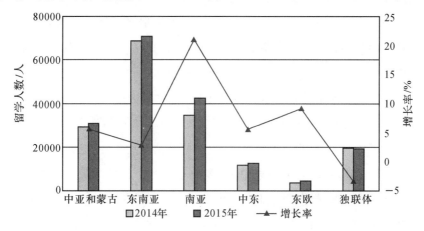

图 3-38　2014—2015 年"一带一路"沿线地区来华留学情况

数据来源:教育部,《来华留学生简明统计(2014)》《来华留学生简明统计(2015)》。

2016 年,共有来自 205 个国家和地区的 442773 名留学生来华留学,比 2015 年增加 45120 人,增长比例为 11.35%(不含港、澳、台地区)。来自"一带一路"沿线国家的来华留学生有 207746 人,占来华留学生总数的 46.92%。"一带一路"沿线国家也成为来华留学生增长的主要动力,同比增长 13.6%。从 2004 年到 2016 年,来华留学生从 110840 人增长到 442773 人,增长了近 4 倍,而同期"一带一路"沿线国家来华留学生从 24896 人增长到 207746 人,增长了 7.3 倍多。与之形成对比的是,如韩、美、日等国来华留学生增长已经放缓,甚至略有减少。来华留学人数最多的 10 个国家依次为:韩国、美国、泰国、印度、巴基斯坦、俄罗斯、印度尼西亚、哈萨克斯坦、日本和越南。除了美、日、韩三个国家外，其余均为"一带一路"沿线国家。"一带一路"沿线国家的留学人数前 10 位分别为：泰国 23044 人，印度 18717 人，巴基斯坦 18626 人，俄罗斯 17971 人，印度尼西亚 14714 人，哈萨克斯坦 13996 人，越南 10639 人，老挝 9907 人，蒙古国 8508 人，马来西亚 6880 人。

总体来看，在同中国毗邻的东南亚、南亚、中亚等地区，中国是重要的留学目的地，中国与当地政府有着广泛的教育合作。而在距中国较远的中东、东欧地区，来华留学的吸引力仍然不足。

(三)"一带一路"沿线国家旅游往来情况

"一带一路"倡议以中国为中心，影响范围辐射至亚欧非三大洲，涉及 65 个国家、44 亿人口，涵盖了全世界 74% 的自然保护区与近 50% 的文化遗产，跨越了世界两大主要旅游客源地和旅游目的地。该区域国际旅游总量占据了全球的 70% 以上。据国家旅游局预计，"十三五"时期，中国将为"一带一路"沿线国家输送 1.5 亿人次中国游客、2000 亿美元中国游客旅游消费；同时还将吸引沿线国家 8500 万人次游客来华旅游，拉动旅游消费约 1100 亿美元。[①]

"一带一路"沿线 65 个国家中，大多数小国和中国的人员往来数据较少，尤其是中东欧国家，根据国家旅游局公布的入境游数据，选取"一带一路"沿线国家中入境人数较多的 13 个主要国家（主要考虑数据的可得性），包括蒙古国、菲律宾、泰国、新加坡、印度尼西亚、马来西亚、巴基斯坦、印度、尼泊尔、斯里兰卡、哈萨克斯坦、吉尔吉斯斯坦和俄罗斯。"亚洲其他"大部分是"一带一路"国家，"欧洲其他"国家多属于中东欧地区，因而也计算进来。

国家旅游局的数据如表 3-24、图 3-39 所示。2013 年，"一带一路"沿线 13 个国家入境人数达 1184.1 万人次，占所有外国入境人次的 45%。其中，按入境游目的划分，"一带一路"主要国家和地区入境游中观光休闲所占比例最高，达 40%；除此之外，会议商务和服务员工所占的比例也较高；而探亲访友所占比例最低，仅为 1%。按照人数来看，俄罗斯是第一大入境游来源国。入境游人数超 100 万人次的国家有俄罗斯、蒙古国和马来西亚。菲律宾和新加坡的

---

① 宋昌耀，厉新建，陈丽嘉，2016.中国"一带一路"沿线旅游投资现状与未来[M]//2015—2016 年中国旅游发展分析与预测.北京:社会科学文献出版社:120.

入境游人数也超过了 90 万人次。

表 3-24　2013 年"一带一路"沿线主要国家入境游人数　　单位：万人次

国家	合计	会议商务	观光休闲	探亲访友	服务员工	其他
非"一带一路"沿线国家总计	2629.03	619.40	1012.30	19.91	319.53	657.89
"一带一路"沿线国家总计	1184.14	198.61	475.81	5.76	214.15	289.81
蒙古国	105.00	8.08	5.15	0.05	19.68	72.04
菲律宾	99.67	2.85	22.20	0.11	62.27	12.24
泰国	65.18	4.34	42.13	0.09	12.05	6.57
新加坡	96.66	18.68	32.13	3.86	6.26	35.73
印度尼西亚	60.54	2.87	42.34	0.11	10.86	4.36
马来西亚	120.66	11.26	90.00	0.27	9.55	9.58
巴基斯坦	10.66	4.66	3.02	0.02	0.76	2.20
印度	67.67	22.69	17.91	0.15	12.71	14.21
尼泊尔	5.89	0.36	2.17	0.01	1.64	1.71
斯里兰卡	4.95	1.58	0.53	0.00	2.30	0.54
哈萨克斯坦	39.35	4.46	19.34	0.23	7.23	8.09
吉尔吉斯斯坦	5.00	0.23	2.59	0.01	1.88	0.29
俄罗斯	218.64	65.61	108.85	0.14	26.90	17.14
亚洲其他	222.34	34.91	68.50	0.51	24.32	94.10
欧洲其他	61.93	16.03	18.95	0.20	15.74	11.01

数据来源：国家旅游局。

2014 年的数据如表 3-25、图 3-40 所示。全年"一带一路"沿线主要国家入境人数为 1195.4 万人次，相比上年增加了 11.3 万人次，占所有外国入境人次的 45.3％，同样有所提高。按入境游目的划分，"一带一路"沿线主要国家和地区入境游中同样是观光休闲所占比例最高，达 35.5％；除此之外，会议商务和服务员工所占的比例也较高，分别占比 15.5％和 18.4％；而探亲访友所占比例最低为 0.8％。按照人数来看，俄罗斯仍然是第一大入境游来源国，入境游人数达到 204.7 万人次。蒙古国和马来西亚入境游人数均超 100 万人次。菲律宾和新加坡的入境游人数也都超过了 90 万人次。

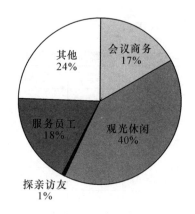

图 3-39　2013 年"一带一路"沿线国家入境游人员目的

数据来源：国家旅游局。

表 3-25　2014 年"一带一路"沿线主要国家入境游人数　　单位：万人次

国家	合计	会议商务	观光休闲	探亲访友	服务员工	其他
非"一带一路"沿线国家总计	2636.1	539.6	893.0	60.3	328.5	814.7
"一带一路"沿线国家总计	1195.4	185.5	424.5	9.9	219.9	355.6
蒙古国	108.4	9.4	4.9	0.1	23.6	70.4
菲律宾	96.7	3.0	20.0	0.2	62.3	11.2
泰国	61.3	4.0	36.2	0.2	13.0	7.9
新加坡	97.2	20.1	29.6	4.6	6.5	36.4
印度尼西亚	56.6	2.4	37.3	0.3	11.1	5.5
马来西亚	112.9	13.0	75.2	0.9	9.6	14.2
巴基斯坦	10.9	3.5	2.9	0.1	0.8	3.6
印度	71.0	18.3	18.2	0.3	14.2	20.0
尼泊尔	5.4	0.9	1.5	0.0	1.1	1.9
斯里兰卡	5.0	1.3	0.5	0.0	2.0	1.2
哈萨克斯坦	34.5	4.4	15.5	0.6	6.6	7.4
吉尔吉斯斯坦	5.1	0.2	2.4	0.0	2.0	0.5
俄罗斯	204.7	62.3	97.1	0.4	25.9	19.0
亚洲其他	263.1	29.0	67.0	1.4	25.0	140.7
欧洲其他	62.6	13.7	16.2	0.8	16.2	15.7

数据来源：国家旅游局。

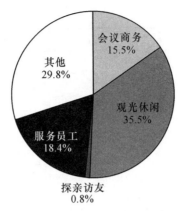

图 3-40 2014 年"一带一路"沿线国家入境游人员目的

数据来源：国家旅游局。

2015 年数据如表 3-26 所示。"一带一路"沿线主要国家和地区的入境人数为 1171.5 万人次，相比上一年减少了 23.9 万人次，同比下降 2.0%，占所有外国入境人数的 45.1%。图 3-41 显示按入境游目的划分，会议商务、观光休闲、探亲访友、服务员工和其他所占的比例分别为 16.1%、31.0%、1.0%、20.2% 和 31.7%。分国家来看，俄罗斯入境人数大幅下降，仅为 158.2 万人次，而去年同期为 204.7 万人次。菲律宾入境人数表现出增长势头，全年入境人数首次超过 100 万人次，达 100.4 万人次。

表 3-26 2015 年"一带一路"沿线主要国家入境游人数　　单位：万人次

国家	合计	会议商务	观光休闲	探亲访友	服务员工	其他
非"一带一路"沿线国家总计	2598.7	537.7	824.9	79.8	349.7	806.6
"一带一路"沿线国家总计	1171.5	188.1	363.1	11.9	237.2	371.2
蒙古国	101.4	10.4	6.0	0.0	22.2	62.8
菲律宾	100.4	3.2	19.3	0.3	67.7	9.9
泰国	64.2	4.2	35.3	0.3	17.3	7.1
新加坡	90.5	20.3	24.6	5.2	6.8	33.6
印度尼西亚	54.5	2.9	31.3	0.4	14.5	5.4
马来西亚	107.6	15.8	64.2	1.4	9.6	16.6
巴基斯坦	11.3	3.6	2.8	0.1	0.8	4.0
印度	73.0	19.8	16.5	0.3	17.1	19.3

国家	合计	会议/商务	观光休闲	探亲访友	服务员工	其他
尼泊尔	4.9	0.9	1.4	0.0	0.8	1.8
斯里兰卡	5.8	1.5	0.6	0.0	2.3	1.4
哈萨克斯坦	24.2	1.6	12.2	0.6	5.4	4.3
吉尔吉斯斯坦	4.3	0.1	1.6	0.0	2.1	0.5
俄罗斯	158.2	54.8	64.0	0.4	24.4	14.6
亚洲其他	306.8	34.1	68.5	1.9	28.2	174.1
欧洲其他	64.4	14.7	14.8	1.0	18.0	15.9

数据来源:国家旅游局。

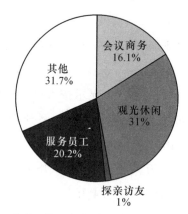

图 3-41　2015 年"一带一路"沿线国家入境游人员目的

数据来源:国家旅游局。

国家旅游局的数据显示,2016 年,入境旅游人数 1.38 亿人次,比上年同期增长 3.5%,其中外国人入境人数 2815 万人次,增长 8.3%。由于 2016 年"一带一路"旅游人数暂缺,按照 8.3% 的比例计算,2016 年"一带一路"沿线国家入境游人数为 1268.7 万人次。

"一带一路"沿线 13 个国家和地区入境人数的变化如图 3-42 所示,整体来看呈现逐年下降的趋势。入境人数从 2013 年的 1184.1 万人次,下降至 2015 年的 1171.5 万人次。主要的原因在于俄罗斯经济的不景气使得占入境游相当比重的俄罗斯游客的数目有较大程度的下降,从 2013 年的 218.6 万人次,下降至 2015 年的 158.2 万人次。对比同期所有国家入境人数的数据不难看出,2013—2015 年,入境游整体上相对低迷,处于下跌的态势。

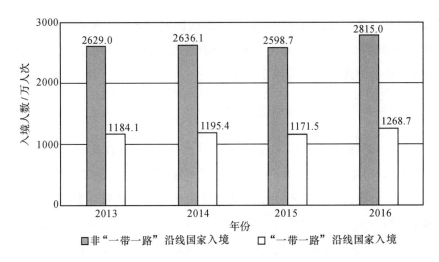

图 3-42　2013—2016 年"一带一路"沿线国家入境人数

数据来源：国家旅游局。

从增长率来看，如图 3-43 所示。"一带一路"沿线主要国家的入境游人数的增长率在 2014 年和 2016 年为正，在 2015 年为负，且变化趋势为外国入境

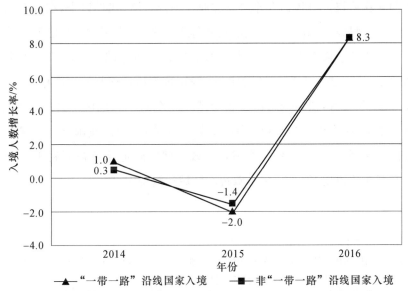

图 3-43　2014—2016 年"一带一路"沿线国家入境人数增长率

数据来源：国家旅游局。

人数的变化趋势一致。由于"一带一路"沿线国家主要是发展中国家,在经济不景气的时候,以休闲观光等为目的的出境游人数就会受到更大的影响,而出境游人数也会因此受到较大程度的影响。

五、"一带一路"建设合作协议进展

"一带一路"倡议提出以来,以共商共建共享为原则,以开放包容、互利共赢为特色,以构建人类命运共同体为目标,"一带一路"建设呈现出蓬勃发展的生机与活力。建设启动以来,中国与各国携手实施了一系列合作项目,进一步加强了中国与沿线国家之间的政策沟通,政策沟通也反过来扩大和培育了双方市场,畅通了贸易通道,促进了资金融通、设施联通以及民心相通。

截至 2016 年 9 月,已有 30 多个国家与中国签署了共建"一带一路"政府间合作协议。[①] 截至 2017 年 3 月,已经有 100 多个国家和国际组织积极响应,有 50 多个国家已经与中国签署了相关的合作协议。[②]

表 3-27 显示,2014—2016 年,中国与"一带一路"沿线国家共签署 40 多项政府间合作协议。具体的合作协议方面,"一带一路"建设以来,在教育、文化、医疗、卫生、科技、交通运输、税收、投资等多个领域,中国积极推进和沿线各国签署合作协议。截至 2016 年 5 月,中国已与"一带一路"沿线 56 个国家签署投资协定[③];"一带一路"倡议发起以来,我国税收协定谈判签订进程"大提速",截至 2017 年 5 月,协定网络已覆盖全球 106 个国家和地区,与"一带一路"沿线国家中的 54 个国家签订税收协定;截至 2017 年 4 月,我国已与"一带一路"沿线国家签署了《上海合作组织成员国政府间国际道路运输便利化协定》《中国—东盟海运协定》等 130 多个双边和区域运输协定。

---

① 新华社,2019.中国已和 30 多个国家签署共建"一带一路"政府间合作协议[EB/OL].(2016-09-28)[2019-05-06].http://news.xinhuanet.com/2016-09/26/c_1119627176.htm.

② 中国财经,2019.商务部:"一带一路"合作成果超预期已和 50 多个国家签署协议[EB/OL].(2017-03-11)[2019-04-25].http://finance.china.com.cn/news/special/2017lh/20170311/4131792.shtml.

③ 商务部,2019.中国已与"一带一路"沿线 56 个国家签署投资协定[EB/OL].(2016-06-02)[2019-06-09].http://www.mofcom.gov.cn/article/difang/201606/20160601331178.shtml.

表 3-27 中国与"一带一路"沿线国家和地区签署双边协议情况(2014—2016 年)

相关国家(地区)	公布时间	协议名称	所属区域
乌兹别克斯坦	2014 年 8 月 19 日	《中华人民共和国和乌兹别克斯坦共和国联合宣言》	中亚和蒙古国
蒙古国	2014 年 8 月 21 日	《中华人民共和国和蒙古国关于建立和发展全面战略伙伴关系的联合宣言》	中亚和蒙古国
塔吉克斯坦	2014 年 9 月 13 日	《中华人民共和国和塔吉克斯坦共和国关于进一步发展和深化战略伙伴关系的联合宣言》	中亚和蒙古国
阿富汗	2014 年 10 月 28 日	《中华人民共和国与阿富汗伊斯兰共和国关于深化战略合作伙伴关系的联合声明》	西亚
卡塔尔	2014 年 11 月 3 日	《中华人民共和国和卡塔尔国关于建立战略伙伴关系的联合声明》	西亚
东盟	2014 年 12 月 1 日	《第十七次中国—东盟领导人会议主席声明》	东盟
哈萨克斯坦	2014 年 12 月 14 日	《中国和哈萨克斯坦共同发表中哈总理第二次定期会晤联合公报》	中亚和蒙古国
亚美尼亚	2015 年 3 月 25 日	《中华人民共和国和亚美尼亚共和国关于进一步发展和深化友好合作关系的联合声明》	独联体
俄罗斯	2015 年 5 月 8 日	《中华人民共和国与俄罗斯联邦关于丝绸之路经济带建设和欧亚经济联盟建设对接合作的联合声明》	独联体
俄罗斯	2015 年 5 月 9 日	《中华人民共和国和俄罗斯联邦关于深化全面战略协作伙伴关系、倡导合作共赢的联合声明》	独联体
白俄罗斯	2015 年 5 月 10 日	《中华人民共和国和白俄罗斯共和国友好合作条约》	独联体
上海合作组织成员方	2015 年 7 月 10 日	《上海合作组织成员国元首乌法宣言》	上海合作组织
俄罗斯、蒙古国	2015 年 7 月 10 日	《中华人民共和国、俄罗斯联邦、蒙古国发展三方合作中期路线图》	独联体
哈萨克斯坦	2015 年 8 月 31 日	《中华人民共和国和哈萨克斯坦共和国关于全面战略伙伴关系新阶段的联合宣言》	中亚和蒙古国
哈萨克斯坦	2015 年 9 月 1 日	《中华人民共和国政府与哈萨克斯坦共和国政府关于加强产能与投资合作的框架协议》	中亚和蒙古国
约旦	2015 年 9 月 9 日	《中华人民共和国和约旦哈希姆王国关于建立战略伙伴关系的联合声明》	西亚

相关国家(地区)	公布时间	协议名称	所属区域
蒙古国	2015 年 11 月 11 日	《中华人民共和国和蒙古国关于深化发展全面战略伙伴关系的联合声明》	中亚和蒙古国
马来西亚	2015 年 11 月 23 日	《中华人民共和国和马来西亚联合声明》	东盟
阿塞拜疆	2015 年 12 月 11 日	《中华人民共和国和阿塞拜疆共和国关于进一步发展和深化友好合作关系的联合声明》	独联体
哈萨克斯坦	2015 年 12 月 14 日	《中华人民共和国政府和哈萨克斯坦共和国政府联合公报》	中亚和蒙古国
伊拉克	2015 年 12 月 22 日	《中华人民共和国和伊拉克共和国关于建立战略伙伴关系的联合声明》	西亚
沙特阿拉伯	2016 年 1 月 19 日	《中华人民共和国和沙特阿拉伯王国关于建立全面战略伙伴关系的联合声明》	西亚
埃及	2016 年 1 月 21 日	《中华人民共和国和阿拉伯埃及共和国关于加强两国全面战略伙伴关系的五年实施纲要》	西亚
伊朗	2016 年 1 月 23 日	《中华人民共和国和伊朗伊斯兰共和国关于建立全面战略伙伴关系的联合声明》	西亚
东盟	2016 年 3 月 3 日	《落实中国—东盟面向和平与繁荣的战略伙伴关系联合宣言的行动计划(2016—2020)》	东盟
柬埔寨、老挝、缅甸、泰国、越南	2016 年 3 月 23 日	《澜沧江—湄公河国家产能合作联合声明》	东盟
柬埔寨、老挝、缅甸、泰国、越南	2016 年 3 月 23 日	《澜沧江—湄公河合作首次领导人会议三亚宣言》	东盟
尼泊尔	2016 年 3 月 23 日	《中华人民共和国和尼泊尔联合声明》	南亚
捷克	2016 年 3 月 29 日	《中华人民共和国和捷克共和国关于建立战略伙伴关系的联合声明》	中东欧
老挝	2016 年 5 月 4 日	《中老联合声明》	东盟
阿富汗	2016 年 5 月 18 日	《中华人民共和国和阿富汗伊斯兰共和国联合声明》	西亚
塞尔维亚	2016 年 6 月 18 日	《中华人民共和国和塞尔维亚共和国关于建立全面战略伙伴关系的联合声明》	中东欧
波兰	2016 年 6 月 20 日	《中华人民共和国和波兰共和国关于建立全面战略伙伴关系的联合声明》	中东欧
中东欧	2016 年 6 月 20 日	《第二届中国—中东欧国家卫生部长论坛苏州联合公报》	中东欧

相关国家(地区)	公布时间	协议名称	所属区域
乌兹别克斯坦	2016 年 6 月 22 日	《中华人民共和国和乌兹别克斯坦共和国联合声明》	中亚和蒙古国
俄罗斯	2016 年 6 月 25 日	《中华人民共和国和俄罗斯联邦联合声明》	独联体
东盟	2016 年 9 月 7 日	《中国—东盟产能合作联合声明》	东盟
东盟	2016 年 9 月 7 日	《第 19 次中国—东盟领导人会议暨中国—东盟建立对话关系 25 周年纪念峰会联合声明》	东盟
老挝	2016 年 9 月 9 日	《中华人民共和国和老挝人民民主共和国联合公报》	东盟
东盟	2016 年 9 月 10 日	《第五届中国—东盟质检部长会议(SPS 合作)联合声明》	东盟
白俄罗斯	2016 年 9 月 29 日	《中华人民共和国和白俄罗斯共和国关于建立相互信任、合作共赢的全面战略伙伴关系的联合声明》	独联体
柬埔寨	2016 年 10 月 14 日	《中华人民共和国和柬埔寨王国联合声明》	东盟
东盟	2016 年 10 月 28 日	《中国—东盟卫生合作与发展南宁宣言》	东盟
吉尔吉斯斯坦	2016 年 11 月 2 日	《中华人民共和国政府和吉尔吉斯共和国政府联合公报》	中亚和蒙古国

数据来源：中国一带一路网，https：//www. yidaiyilu. gov. cn/info/iList. jsp？ site_id＝CMSydylgw&cat_id＝10008&cur_page＝2.

中国与"一带一路"沿线国家的政府间合作协议如图 3-44 所示，政府之间签署的双边协议，是政策沟通的重要组成体现。双边协议的数目可体现政府之间的沟通。

分年份来看，如图 3-44 所示，中国与"一带一路"沿线国家签署的政府间双边协议逐年增加，显示出中国与沿线国家和地区之间的政策沟通和政府间交流水平的不断提高，程度的不断加深。2014 年，中国与"一带一路"沿线国家和地区签署的政府间双边协议为 7 个，协议签署国和地区分别是乌兹别克斯坦、蒙古国、塔吉克斯坦、阿富汗、卡塔尔和东盟地区，主要是中亚地区和蒙古国以及西亚和东盟。2015 年，中国与"一带一路"沿线国家和地区签署的政府间合作协议数目迅速增加，根据中国一带一路网的数据，协议数目增长了一倍，达到了 14 个。协议签署国包括亚美尼亚、俄罗斯、白俄罗斯、蒙古国、哈萨

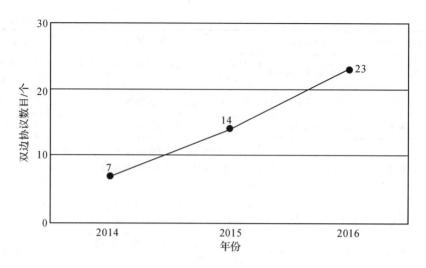

图 3-44 2014—2016 年中国与"一带一路"沿线国家和地区签署双边协议数

数据来源:中国一带一路网。

克斯坦、约旦、马来西亚、阿塞拜疆、伊拉克,主要是中亚地区和蒙古国以及独联体国家和地区。2016 年,中国与"一带一路"沿线国家和地区签署的政府间合作协议增加至 23 个,继续保持较高的增长。协议的签署国中,除了中亚地区和蒙古国、独联体国家,东盟国家也占有相当大的比例。

分地区来看,如图 3-45 所示,2014—2016 年中国和东盟地区国家签署的双边协议数目最多,为 12 个,占全部双边协议数的 27%。其次是与中亚地区

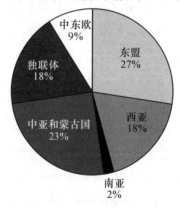

图 3-45 2014—2016 年中国与"一带一路"沿线国家和地区签署双边协议地区分布

数据来源:中国一带一路网。

和蒙古国签署的双边协议,有 10 个,占全部双边协议数的 23%。与独联体国家签署的双边协议数目和与西亚地区签署的双边协议一样多,有 8 个。中东欧地区与中国签署的双边协议相比其他地区较少,2014—2016 年间仅有 4 个。南亚地区与中国签署的双边协议数目最少,仅仅有尼泊尔与中国签署过 1 个协议。

六、"一带一路"建设成效评估指数

(一)"一带一路"对外贸易指数

贸易畅通是"一带一路"的重要领域,我国一直积极拓宽贸易领域,优化贸易结构,挖掘贸易新增长点,促进贸易平衡,积极同沿线国家和地区共同商建自由贸易区,激发释放合作潜力,从而与沿线国家互利共赢,做大做好合作"蛋糕"。

海关总署的数据显示,自"一带一路"倡议提出以来,中国对沿线地区的进出口贸易总额如表 3-28 所示,中国对"一带一路"沿线地区的进出口贸易额在 2014 年增长明显,2015 年和 2016 年持平,但相比 2014 年有所下降。

表 3-28　2013—2016 年中国对"一带一路"沿线地区的进出口贸易额

地区	进出口贸易额/万美元			
	2013 年	2014 年	2015 年	2016 年
东盟	27538.0	29505.7	29317.7	29871.7
西亚	17689.8	19250.5	15271.5	13958.2
南亚	5953.2	6487.4	6880.7	7269.1
中亚和蒙古国	3511.8	3238.1	2379.1	2316.5
独联体	6467.9	6636.6	4894.4	5271.2
中东欧	3713.7	4047.7	3779.8	4200.8
总计	64874.4	69166.0	62523.2	62887.5

数据来源:海关总署。

选取中国对"一带一路"沿线国家和地区的进出口贸易额作为"一带一路"外贸建设的评估依据,使用 2013 年中国对"一带一路"沿线国家和地区的进出口贸易额作为基数,即 100,分别计算 2014 年至 2016 年的"一带一路"外贸指

数,计算公式如下:

$$\text{"一带一路"外贸指数} = \frac{\text{报告期贸易额}}{\text{基期贸易额}} \times 100$$

海关总署的数据显示,2013—2016 年间,中国对"一带一路"沿线地区的进出口贸易额分别为 64874.4 亿元人民币、69166.0 亿元人民币、62523.2 亿元人民币和 62887.5 亿元人民币。通过计算,2013—2016 年间的"一带一路"外贸指数如图 3-46 所示,分别为 100.0、106.6、96.4 和 96.9。

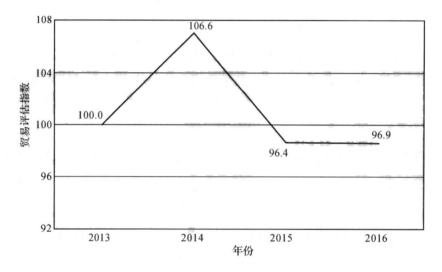

图 3-46 2013—2016 年"一带一路"贸易评估指数

数据来源:海关总署。

自"一带一路"倡议提出以来,中国与沿线国家的贸易建设整体上不尽如人意。2014 年相比 2013 年涨幅明显,"一带一路"对外贸易指数为 106.6,说明了"一带一路"倡议对外贸的推动力。而 2015 年对外贸易指数回落至 96.4,2016 年的对外贸易指数几乎和 2015 年持平。分析其原因,"一带一路"沿线国家多为经济发展水平并不高的发展中国家,大多数国家对外贸较为依赖,而 2015 年开始低迷的国际经济形势与贸易形势使得中国和"一带一路"沿线国家的进出口贸易下降较为明显。

各地区"一带一路对外贸易指数"如图 3-47 所示,东盟地区和南亚地区是中国主要的进出口贸易增长伙伴,显现出东盟地区和南亚地区的巨大的增长潜力。而俄罗斯和蒙古国则由于贸易中资源型原材料比重较大,与中国的进出口贸易波动较大,导致中亚地区和蒙古国以及独联体国家和地区的对外贸易指数下跌明显。

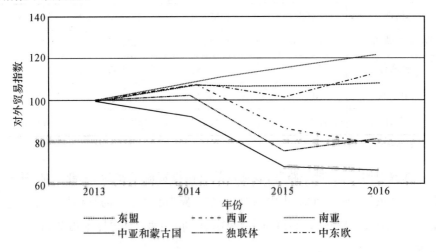

图 3-47　2013—2016 年各地区"一带一路"对外贸易指数

数据来源:海关总署。

(二)"一带一路"投资指数

对外直接投资是经贸往来的重要支撑,自"一带一路"倡议提出以来,中国积极推动多边投资,把投资和贸易结合起来,以投资带贸易,鼓励本国企业参与沿线国家基础设施建设和产业投资,帮助当地发展经济、改善就业。对外直接投资在此过程中发挥了极为重要的作用。

商务部的数据显示,自"一带一路"倡议提出以来,中国对"一带一路"沿线地区的直接投资流量如表 3-29 所示,中国对沿线地区的直接投资整体上有较大增长,2014 年和 2015 年增长幅度较大,2016 年有所回落。

表 3-29　中国对"一带一路"沿线地区的直接投资流量

国家(地区)	直接投资流量/万美元			
	2013 年	2014 年	2015 年	2016 年
东盟	726718	780927	1460431	1027868
西亚	214780	212098	226678	161508

国家(地区)	直接投资流量/万美元			
	2013 年	2014 年	2015 年	2016 年
南亚	46380	148733	115353	108386
中亚和蒙古国	148652	108123	−235254	115529
独联体	116476	94318	305965	145204
中东欧	18085	20422	15625	12667
总计	1271091	1364621	1888798	1571162

数据来源：中国商务部。

选取中国对"一带一路"沿线地区的直接投资流量作为"一带一路"外贸建设的评估依据，使用 2013 年中国对"一带一路"沿线地区的直接投资流量作为基数，即 100，分别计算 2014 年至 2016 年的"一带一路"投资指数，计算公式如下：

$$"一带一路"投资指数 = \frac{报告期对外直接投资额}{基期对外直接投资额} \times 100$$

表 3-29 显示，2013—2016 年间，中国对"一带一路"沿线地区的直接投资流量分别为 1271091 万美元、1364621 万美元、1888798 万美元和 1571162 万美元。通过计算，2013—2016 年间的"一带一路"投资指数如图 3-48 所示，分别为 100.0、107.4、148.6 和 123.6。

从图 3-48 可以看出，自"一带一路"倡议提出以来，中国对"一带一路"沿线国家的直接投资效果较为显著。2014 年和 2015 年相比 2013 年均有较大涨幅，"一带一路"投资指数分别为 107.4 和 148.6，即使 2016 年指数相比 2015 年有所回落，也仍处于 123.6 的高位，明显比 2014 年和 2013 年高。分析其原因，主要是近年来政府积极推动中国企业"走出去"，"一带一路"倡议实施后，中国与相关国家积极磋商，签署双边协定，在投资领域加强双边投资保护协定，避免双重征税，协定磋商，保护投资者的合法权益。一系列政策使得企业对"一带一路"的投资热情大增。可以预期，未来中国对沿线国家的投资将会进一步增长。

各地区"一带一路"投资指数如图 3-49 所示，除了中亚地区和蒙古国，中

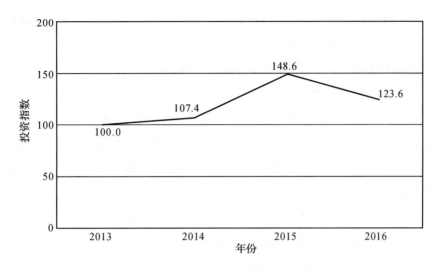

图 3-48　2013—2016 年"一带一路"投资指数

数据来源：中国商务部。

国几乎对所有沿线地区的投资都有明显增长，其中，南亚地区、东盟地区和独联体国家和地区是"一带一路"沿线直接投资吸引力最强的地区。南亚地区的

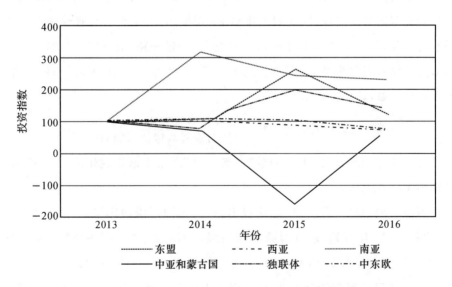

图 3-49　2013—2016 年各地区"一带一路"投资指数

数据来源：中国商务部。

"一带一路"投资指数在 2014 年达到最高的 320.7,中国对东盟地区和独联体国家和地区的投资热情也相当高涨,而中亚地区和蒙古国则和其他国家(地区)形成鲜明对比,2015 年的投资指数为一158.3。

(三)"一带一路"政策沟通指数

加强政策沟通是"一带一路"建设的重要保障。自"一带一路"倡议提出以来,中国积极与沿线国家加强政府间合作,积极构建多层次政府间宏观政策沟通交流机制,深化利益融合,促进政治互信,达成合作新共识,而签署双边文件是政策沟通的形式展现。

中国一带一路网的数据显示,2014—2016 年,中国与"一带一路"沿线国家和地区签署的双边文件迅速增加,政府间交流与合作日益加深,为能源、医疗、教育、金融、贸易、投资等多个领域提供政策支持。2014 年,中国和"一带一路"沿线国家和地区共签署 7 个双边协议,2015 年迅速增加至 14 个,增长了100%,2016 年双边协议更是达 23 个。

选取中国与"一带一路"沿线国家和地区签署的双边协议数目作为"一带一路"政策沟通的评估依据,由于 2013 年在"一带一路"倡议提出之前,缺乏同一口径的双边协议文件,因此我们默认 2013 年和 2014 年的政府双边协议数目没有变化,都为 7 项。使用 2013 年中国与"一带一路"沿线国家和地区签署的双边协议数目作为基数,即 100,分别计算 2014 年至 2016 年的"一带一路"政策沟通指数,计算公式如下:

$$\text{"一带一路"政策沟通指数} = \frac{\text{报告期签署双边协议数目}}{\text{基期签署双边协议数目}} \times 100$$

通过计算,2013—2016 年间的"一带一路"政策沟通指数如图 3-50 所示,分别为 100.0、100.0、200.0 和 328.6。

不难看出,自"一带一路"倡议提出以来,中国与沿线国家的政策沟通不断加强。2014 年开始,政策沟通不断加强,2015 年的"一带一路"政策沟通指数达到 200.0,而 2016 年的政策沟通指数进一步上升至 328.6,显示出"一带一路"倡议得到沿线国家的欢迎。中国与沿线国家签署的双边文件,大多是通过政府间领导人的互访落实,表明了沿线国家对"一带一路"倡议的重视。

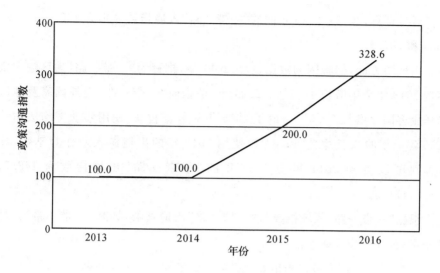

图 3-50　2013—2016 年"一带一路"政策沟通指数

数据来源：中国一带一路网。

（四）"一带一路"人员往来指数

民心相通是"一带一路"建设的社会根基。传承和弘扬丝绸之路友好合作精神，开展文化交流、学术往来、人才交流合作、媒体合作、青年和妇女交往、志愿者服务等，是深化双边、多边合作的基础。加强旅游合作、扩大商务往来、扩大相互间留学规模，从而深化沿线国家间人才交流合作是促进民心相通的重要途径。

入境游方面，国家旅游局的数据显示，自"一带一路"倡议提出以来，"一带一路"沿线 13 个国家（蒙古国、菲律宾、泰国、新加坡、印度尼西亚、马来西亚、巴基斯坦、印度、尼泊尔、斯里兰卡、哈萨克斯坦、吉尔吉斯斯坦和俄罗斯）的入境游人数有所降低。2013 年，"一带一路"沿线 13 个国家入境游人数为1184.1 万人次，2014 年为 1194.9 万人次，2015 年下降至 1171.6 万人次。

选取"一带一路"沿线 13 个国家入境游人数作为"一带一路入境指数"的评估依据，使用 2013 年"一带一路"沿线主要国家和地区的入境游人数作为基数，即 100，分别计算 2014 年至 2016 年的"一带一路"入境指数，计算公式如下：

$$"一带一路"入境指数 = \frac{报告期入境游人数}{基期入境人员数} \times 100$$

通过计算,2013—2016 年间的"一带一路"入境指数分别为 100.0、100.9、98.9 和 107.2。

出境游方面,携程网的数据显示,2014 年,携程为"一带一路"地区输送旅客较 2013 年全年增长 48.7%。2016 年,携程向"一带一路"境外国家及地区输送旅客同比增长 72.5%。由于 2015 年的数据暂缺,使用移动平均法估计 2015 年全年的增长率为 60.6%。使用 2013 年的出境游人数作为基数,即 100,则可以得到 2014 年至 2016 年的"一带一路"出境指数为 148.7、238.8、411.9。

根据"一带一路"入境指数与"一带一路"出境指数,计算"一带一路"人员往来指数,计算公式如下:

"一带一路"人员往来指数＝出境指数×50％＋入境指数×50％

通过计算,2013—2016 年间的"一带一路"人员往来指数如图 3-51 所示,分别为 100.0、124.8、168.9 和 259.6。

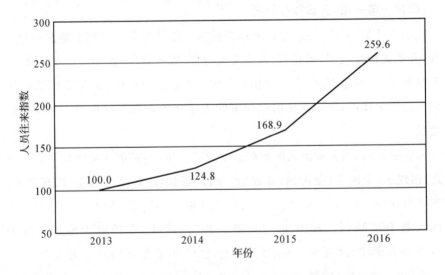

图 3-51　2013—2016 年"一带一路"人员往来指数

数据来源:国家旅游局。

可以看出,自"一带一路"倡议提出以来,中国与沿线国家的人员往来不断增加,且增速不断提高。分析其原因,虽然"一带一路"沿线国家多为发展中国家,收入水平等受国际经济环境影响较大,反映在入境游人数上的波动较大,但沿线国家丰富的旅游资源吸引了中国游客,使得到沿线国家的出境游迅速增加。这也反映了"一带一路"建设以来中国对沿线国家经济的带动作用。

(五)"一带一路"建设评估总指数

在"一带一路"对外贸易指数、"一带一路"投资指数、"一带一路"政策沟通指数和"一带一路"人员往来指数的基础上,本课题构建"一带一路"建设评估指数。"一带一路"对外贸易指数用以衡量"一带一路"建设的贸易成果,"一带一路"投资指数用以衡量"一带一路"建设的投资成果,"一带一路"政策沟通指数用以衡量"一带一路"建设的合作沟通成果,"一带一路"人员往来指数用以衡量"一带一路"建设的人员往来成果。从而用"一带一路"建设评估指数综合衡量"一带一路"建设的综合成果。

同样以 2013 年为基期,即 100,将外贸指数、投资指数、政策沟通指数和人员往来指数权重分别设置为 40%、30%、15% 和 15%。计算公式如下:

"一带一路"建设评估指数＝外贸指数×40%＋投资指数×30%＋

政策沟通指数×15%＋人员往来指数×15%

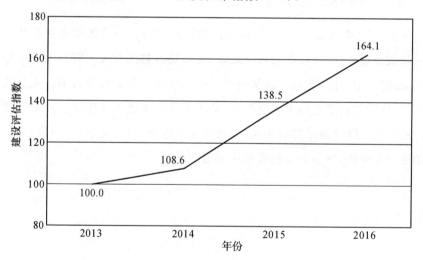

图 3-52　2013—2016 年"一带一路"建设评估指数

数据来源:根据其他指数计算。

计算得到的"一带一路"建设评估指数如图 3-52 所示,2013—2016 年,建设评估指数不断上升,表明"一带一路"建设取得了一定的成果。2014 年的指数为 108.6,2015 年的建设评估指数为 138.5,2016 年的建设评估指数进一步上升至 164.1。

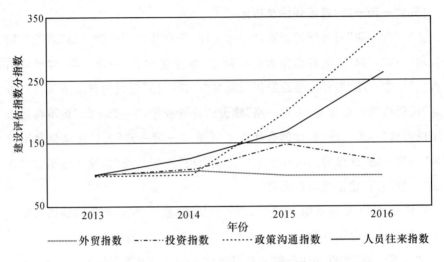

图 3-53　2013—2016 年"一带一路"建设评估指数分指数

数据来源:根据其他指数计算。

　　从图 3-53 中可以看出,"一带一路"建设评估指数中政策沟通指数和人员往来指数表现很好,投资指数表现较好,而外贸指数则表现不好。表明了过去三年间的"一带一路"建设在政策沟通和投资领域取得的成果较多。人员往来方面,出境游的热度远高于入境游,带动了人员往来的迅速增加。而对外贸易则可能受到国际经济形势的影响,表现得并不理想,随着接下来"一带一路"建设的进一步推进,贸易畅通仍需继续努力。

第四章 "海上丝路指数"建设及应用研究

2015 年 10 月 23 日,作为习近平主席访英期间中英双方达成的重要成果之一,"海上丝路指数"在波罗的海交易所官方网站正式发布,2016 年海上丝绸之路指数正式写入国家"十三五"规划。2017 年 5 月,国家发改委在京正式发布"海上丝路贸易指数";在"一带一路"国际合作高峰论坛上,"海上丝路贸易指数"被列入论坛成果清单。在这一背景下,进一步总结、拓展推广"海上丝路指数",既可以促进"一带一路"国际合作,又有利于增强我国在国际航运领域的话语权和国家软实力。

"海上丝路指数"是反映国际航运和贸易市场变化趋势的指数体系,用于衡量国际航运和贸易市场整体发展水平。"海上丝路指数"目前包含"宁波出口集装箱运价指数"和"海上丝路贸易指数"。本书就宁波出口集装箱运价指数(NCFI)展开探讨。

NCFI 包含全部 21 条分航线指数及综合指数,覆盖宁波出口集装箱运输的主要贸易流向及出口地区,包括欧洲、东南亚、南亚、中东等。在波罗的海交易所官网发布的 NCFI 指数,是其中四条具有代表性和国际认同度的航线指数。

海上丝路贸易指数(STI)是一套月度发布的贸易发展指数体系,由进出口贸易指数、出口贸易指数和进口贸易指数构成,并按照总体、分区域、分运输货类等不同维度,来反映中国与 21 世纪海上丝绸之路沿线重要国家间的经贸发展水平,以及中国与海上丝路相关区域的贸易发展变化趋势。

一、2017 年 NCFI 变化概述

2017 年 NCFI 平均值为 702.3 点,较 2016 年平均值上涨 36.7%。21 条

航线指数中有 20 条航线上涨,1 条航线下跌。"海上丝绸之路"沿线地区主要港口中,16 个港口运价上涨,2 个港口运价下跌。随着集运市场运力的大幅缩减和全球贸易回暖形势下带来的海运需求提振,市场整体的船舶装载情况与航线运价水平均远远好于去年同期。且由于三大航运联盟竞争格局构筑了较为稳定的市场环境,市场运价的调整幅度较去年也明显收窄。但市场受前三季度良好的运行状态影响,后期逐渐放松运力管控,加之需求增长未如预期,导致市场运价出现阶段性的下跌,至 12 月运价指数又重回上升通道,综合来看行情向好态势仍在。

二、衡量宏观经济景气状态的指标

(一)采购经理人指数

在国际上,衡量经济景气状态的指标有很多。其中,采购经理人指数(purchasing managers' index,PMI)是应用最为广泛的指标之一,全球主要经济体均建立了 PMI 体系。PMI 是一套月度发布的、综合性的经济监测指标体系,分为制造业 PMI、服务业 PMI,也有一些国家建立了建筑业 PMI。制造业 PMI 最早起源于 20 世纪 30 年代的美国,经过几十年的发展,该体系现包含新订单、产量、雇员、供应商配送、库存、价格、积压订单、新出口订单、进口等商业活动指标。服务业 PMI 指标体系则包括:商业活动、投入品价格指数、费用水平、雇员、未来商业活动预期等指数。发布 PMI 数据的有多家机构,如金融数据公司 Markit 提供全球主要经济体的 PMI,美国采购经理人协会芝加哥分会公布美国制造业的 PMI。

(二)消费者信心指数

除了 PMI 之外,消费和投资领域的部分指标也反映了经济景气状态。例如,消费者信心指数(consumer confidence index,CCI)是反映消费者信心强弱的指标,是综合反映并量化消费者对当前经济形势评价和对经济前景、收入水平、收入预期以及消费心理状态的主观感受,是预测经济走势和消费趋向的一个先行指标,是监测经济周期变化不可缺少的依据。20 世纪 40 年代,美国密歇根大学的调查研究中心为了研究消费需求对经济周期的影响,首先编制了消费者信心指数,随后欧洲一些国家和日本也先后开始建立和编制消费者信心指数。1997 年 12 月，中国国家统计局景气监测中心开始编制中国消费者信心指数。

(三)居民消费价格指数

另一个消费领域的重要指数是居民消费价格指数(consumer price index, CPI)。CPI 是一个反映居民家庭一般所购买的消费品和服务项目的价格水平变动情况的宏观经济指标。它是度量一组代表性消费商品及服务项目的价格水平随时间而变动的相对数，是用来反映居民家庭购买消费商品及服务的价格水平的变动情况。在美国构成 CPI 的主要商品共分八大类，其中包括食品和饮品(包括酒)、住宅、衣着、教育和通信、交通、医药健康、娱乐、其他商品及服务，市场敏感度非常高。美国居民消费指数由劳工统计局每月公布。中国的 CPI 涵盖全国城乡居民生活消费的食品烟酒、衣着、居住、生活用品及服务、交通和通信、教育文化和娱乐、医疗保健、其他用品和服务等 8 大类、262 个基本分类的商品与服务价格。中国 CPI 月度数据由国家统计局通过新闻发布的形式统一公布。

(四)投资信心指数

投资信心指数是经济健康状况的领先性指标，消息灵通的投资者和分析师对未来经济预期进行调查，将其编撰成指数，以衡量未来经济走向。当信心指数低于 50，就认为市场信心不足，指数波动性有加大的可能；反之投资信心指数高于 50，就认为市场信心比较足，市场有企稳上行趋势。本报告采用 Sentix 公司发布的 Sentix 投资信心指数。

(五)其他指数

不同国家的指数类型有所区别。在欧洲，有欧洲经济研究中心发布的"经济景气指数"。又如，日本有"经济观察家现况指数"，该指数调查的对象包括出租车司机、宾馆和餐馆工作人员，通过对这些较接近消费者和零售业趋势的人员进行调查，编撰成指数。日本内阁府自 2001 年 8 月开始编撰该数据。此外，对于东南亚区域，本报告选择新加坡和马来西亚为代表，两国制造业所占比重低，以国际贸易为主，因此选择两国特殊的指标，即新加坡零售指数和马来西亚商业景气指数。

值得一提的是，本报告没有将股市指数作为衡量主要经济体的景气指标。

历史数据表明,股指在很多国家与实体经济的运行状况并不一致。例如,1964年美国道琼斯工业指数达到 874 点,1981 年,道琼斯工业指数最低点是 875点,17 年间处于窄幅波动、原地踏步状态。而在这 17 年间,美国 GDP 却增长了 370%。1981 年至 1998 年,美国 GDP 增长不足 300%,股指增长却超过 10倍。在中国,2007 年至今,经济总量增加了一倍,而当前的股市指数却低于2007 年的水平。

三、NCFI 综合指数与中国宏观经济的关联性

将 NCFI 综合指数按月度平均转换成月度指数后,发现 NCFI 综合指数与PMI 指数具有显著的正相关关系。当 NCFI 指数滞后 2 个月时,两者的相关系数最高,为 0.58,且在 0.001 的显著性水平上通过检验。

NCFI 综合指数与 CPI 环比增长率的相关性非常微弱,并且不具有统计显著性。当 NCFI 指数滞后 1~3 个月或超前 2 个月时,相关系数为负,当没有滞后或超前 1 个月时,相关系数为正,且都未能在 0.05 的显著性水平上通过检验。

NCFI 综合指数与固定资产投资完成额环比增长率具有显著的正相关关系。同期的 NCFI 综合指数与固定资产投资完成额环比增长率,两者的相关系数最高,为 0.64,且在 0.000 的显著性水平上通过检验。

NCFI 综合指数与社会消费品零售总额环比增长率具有较显著的正相关关系。两者在 $[T-2, T+2]$ 的滞后区间检验时,相关系数均非常接近。当NCFI 综合指数滞后 2 个月时,两者的相关系数最高,为 0.37,且在 0.02 的显著性水平上通过检验。

四、NCFI 综合指数与同期波罗的海指数的比较

波罗的海指数是目前世界上衡量国际海运情况的权威指数,是反映国际间贸易情况的领先指数,也是研究航运股未来业绩和投资价值的重要指数。波罗的海航交所于 1985 年开始发布日运价指数(baltic freight index,BFI),该指数是由若干条传统的干散货船航线的运价,按照各自在航运市场上的重要程度和所占比重构成的综合性指数。1999 年的 9 月 1 日,波罗的海交易所将

原来反映巴拿马型船和好望角型船的 BFI 指数分解成 BPI(波罗的海巴拿马型指数)和 BCI(波罗的海海岬型指数)两个指数。同年 11 月 1 日,在 BCI、BPI、BHI(波罗的海灵便型指数)基础上产生的 BDI(波罗的海干散货指数)取代 BFI,成为代表国际干散货运输市场走势的晴雨表。

虽然 BDI 主要衡量干散货运输行情,而 NCFI 主要衡量集装箱运输行情,但两者都是国际贸易远洋运输的组成部分,具有一定的共性。本报告选择同期的 NCFI 与 BDI 进行对比。如图 2.4 所示,2012 年 3 月—2016 年 6 月,NCFI 与 BDI 均呈震荡下行态势。2012 年 3 月,NCFI 位于 1059 点,BDI 位于 934 点;在 2016 年 6 月,NCFI 位于 477 点,BDI 位于 660 点。在这一时期,两者整体降幅接近,但 BDI 的波动过程更为剧烈。2013 年 12 月—2014 年 3 月,BDI 曾出现短期的高位震荡。2014 年 3 月,BDI 最高达到 2277 点。2016 年 1月,BDI 降到最低 317 点;两个月后 NCFI 降到最低点 296 点。分析表明,在 NCFI 滞后两个月的条件下,两者相关性最高。

五、经济景气对 NCFI 的影响

当前世界各国经济复苏状态差异较大,世界经济整体上仍较为低迷,加上各国存在不同程度的贸易保护,不利于国际贸易的增长,因此国际航运市场仍处于低迷状态。如前所述,在 2008 年金融危机之前,全球贸易数十年来一直以两倍于全球经济增速的速度增长,而 2011 年以来,全球贸易增速已放缓至与全球经济增速持平,甚至更低。2015 年,世界贸易总量缓慢增长 2.7%;然而,由于出口价格下滑 15%,货物贸易金额下降至 16 万亿美元。经济景气对 NCFI 的影响还表现在时间上的差异,即 NCFI 的滞后性。市场的复苏要经过若干个月才能在国际贸易领域体现出来,反映到 NCFI 的变化上。

六、货物类别与贸易量的影响

在相同的国际贸易背景下,NCFI 不同航线的变化趋势存在很大差异。中国出口到美国的主要产品有机电产品、家具、玩具、纺织品、鞋类、塑料产品、橡胶产品等;出口到欧洲的纺织品、日用品、机械、茶叶、食品、工艺品等,对印度主要出口商品有钢材、肥料、电话机、医药品、农产品、化工产品、纺织品及家具

等,对新加坡主要出口的主要商品有机电产品、矿产品、金属、化工产品、纺织品等。不同类别的商品,市场波动情况不同。如食品的需求量相对弹性较小,对航线指数的波动影响较低;而需求弹性大的商品可能会出现价格和运输量的大幅度变化,对航线指数的波动影响较大。

参考文献

[1] 黄伟新,龚新蜀,2014. 丝绸之路经济带国际物流绩效对中国机电产品出口影响的实证分析[J]. 国际贸易问题(10):56-66.

[2] 金红,2014. GDP 与 GNI 刍议[J]. 统计科学与实践(6):15-16.

[3] 白钢,林广华,2002. 论政治的合法性原理[J]. 天津社会科学(4):42-51.

[4] 鲍超,方创琳,2006. 水资源约束力的内涵、研究意义及战略框架[J]. 自然资源学报(5):844-852.

[5] 程永宏,2007. 改革以来全国总体基尼系数的演变及其城乡分解[J]. 中国社会科学(4):45-60.

[6] 道明广,吕珊珊,2011. 发展中国家的分配与发展:一个实证评价[J]. 第一资源(1):171-179.

[7] 高敏雪,2006. 在 GDP 和 GNP(GNI)之间选择[J]. 中国统计(6):29-30.

[8] 李国璋,陈宏伟,郭鹏,2010. 中国经济增长与腐败的库兹涅茨曲线效应——实证视角的检验[J]. 财贸研究(1):65-70.

[9] 李平,2015."一带一路"战略:互联互通、共同发展——能源基础设施建设与亚太区域能源市场一体化[M]. 北京:社会科学文献出版社.

[10] 李思义,1998. 日本新的森林资源基本计划概要[J]. 世界林业研究(2):76-77.

[11] 林海,2005. 西部投资环境的评价与建构[J]. 经济问题探索(4):66-70.

[12] 林海明,杜子芳,2013. 主成分分析综合评价应该注意的问题[J]. 统计研究,30(8):25-31.

[13] 刘传武,2015. 五指标判断国际投资环境安全与否——再谈中亚投资安全问题[N]. 国际商报,2015-10-14.

[14] 鲁明泓,1997. 外国直接投资区域分布与中国投资环境评估[J]. 经济研究(12):37-44.

[15] 陆康强,2012. 要素均衡:人类发展指数的算法改进与实证研究[J]. 统计研究,29(10):45-51.

[16] 满娟,2010. 世界能源结构清洁化趋势明显[J]. 中国石化(7):52-54.

[17] 缪林燕,2015. 未雨绸缪确保"一带一路"基础设施投资效率[J]. 国际工程与劳务(6):35-37.

[18] 施玉宇,1999. 土库曼斯坦的经济政策、经济发展现状、特点和前景[J]. 东欧中亚市场研究(4):7-13.

[19] 童丽珍,李春森,2009. 论国民寿命与 GNP、文化程度的关系[J]. 统计与决策(23):95-98.

[20] 王丛虎,2014. 政府公信度与腐败认知度的关系——兼评透明国际 CPI 排名方法[J]. 教学与研究(6):15-21.

[21] 王辉耀,2014. 中国企业全球化报告[M]. 北京:社会科学文献出版社.

[22] 王凌峰,2015. 未来国际空运物流发展趋势研究[J]. 空运商务(11):33-36.

[23] 王秀芹,李玉彬,2012. 海外基础设施 BOT 项目投资环境分析[J]. 国际经济合作(1):74-77.

[24] 王玉芳,吴方卫,2010. 中国森林资源的动态演变和现状及储备的战略构想[J]. 农业现代化研究(6):697-700.

[25] 武梁安,2010. 市场潜力与地区经济增长关系研究[J]. 黑龙江对外经贸(8):95-96.

[26] 徐建军,张志红,耿红,等,2013. 不同工作环境人群 PM2.5 暴露水平与肺功能的研究[J]. 环境与健康杂志(1):1-4.

[27] 薛求知,韩冰洁,2008. 东道国腐败对跨国公司进入模式的影响研究[J]. 经济研究(4):88-98.

[28] 杨元勇,2015. 中东动荡局势的未来走向[J]. 党政论坛(干部文摘)(10):

28.

[29] 叶文振,1997. 论地域文化环境对国际投资的影响[J]. 国际贸易问题 (9):43-47.

[30] 云飞,2000. 21 世纪世界空运业发展趋势[J]. 航空知识(7):22-24.

[31] 詹必万,黄娟,许媛媛,2013. 不丹的幸福模式及其启示[J]. 湖北社会科学(12):61-64.

[32] 张兵兵,徐康宁,陈庭强,2014. 技术进步对二氧化碳排放强度的影响研究[J]. 资源科学(3):567-576.

[33] 张娥,2006. 萨达姆:成也石油败也石油[J]. 中国石油石化(22):73-75.

[34] 张洁,2015. 中国周边安全形势评估:"一带一路"与周边战略[M]. 北京:社会科学文献出版社.

[35] 张晓慧,2015. 解读"一带一路"新形势下境外投资的法律风险管理[J]. 国际工程与劳务(1):35-36.

[36] 张周忙,彭有冬,杨平,2007. 芬兰、瑞典林业对我国林业建设的启示[J]. 中国林业(1):42-44.

[37] 中国科学院可持续发展战略研究组,2015. 中国可持续发展战略报告:重塑生态环境治理体系[M]. 北京:科学出版社.

[38] 新华社,2018. 推动共建丝绸之路经济带和 21 世纪海上丝绸之路的愿景与行动[EB/OL]. (2017-04-25)[2018-05-19]. http://ydyl. people. com. cn/n1/2017/0425/c411837-29235511. html.

[39] 商务部对外投资和经济合作司,2018. 2014 年度中国对外直接投资公报[EB/OL]. (2015-09-12)[2018-05-19]. http://www. fdi. gov. cn/1800000121_33_5576_0_7. html.

[40] 新华社,2018. "一带一路"国际合作高峰论坛成果清单[EB/OL]. (2017-05-16)[2018-05-19]. http://news. xinhuanet. com/world/2017-05/16/c_1120976848. htm.

[41] 中国旅游研究院,2018. 中国入境旅游发展年度报告 2016[EB/OL]. (2017-02-20)[2018-05-19]. http://www. ctaweb. orghtml2017-2/2017-2-20-9-45-09171. html.

[42]新华社,2018."一带一路"合作重点:设施联通、贸易畅通[EB/OL].
(2017-03-29)[2018-05-19]. http://news. xinhuanet. com/fortune/2015-
03/29/c_127633567. htm.

[43]商务部对外投资和经济合作司,2018.2015 年度中国对外直接投资公报
[EB/OL]. (2017-03-03)[2018-05-19]. http://www. fdi. gov. cn/
1800000121_33_7616_0_7. html.

[44]商务部对外投资和经济合作司,2018.2016 年度中国对外直接投资公报
[EB/OL]. (2017-09-30)[2018-05-19]. http://www. hzs. mofcom. gov.
cn/article/date/201803/201803022722851. shtml.

图书在版编目(CIP)数据

"一带一路"建设评价指数研究 / 周伟,董雪兵著.
—杭州:浙江大学出版社,2019.12
ISBN 978-7-308-19630-7

Ⅰ.①一… Ⅱ.①周… ②董… Ⅲ.①"一带一路"
—国际合作—评价指标—研究 Ⅳ.①F125

中国版本图书馆 CIP 数据核字(2019)第 220889 号

"一带一路"建设评价指数研究

周　伟　董雪兵　著

责任编辑	陈佩钰　严　莹
文字编辑	严　莹
责任校对	杨利军　汪　潇
封面设计	春天书装
出版发行	浙江大学出版社
	(杭州市天目山路 148 号　邮政编码 310007)
	(网址:http://www.zjupress.com)
排　　版	浙江时代出版服务有限公司
印　　刷	杭州良诸印刷有限公司
开　　本	710mm×1000mm　1/16
印　　张	13.5
字　　数	211 千
版 印 次	2019 年 12 月第 1 版　2019 年 12 月第 1 次印刷
书　　号	ISBN 978-7-308-19630-7
定　　价	58.00 元